读客文化

The Scrum Fieldbook

7人团队

敏捷管理手册

消除管理中的浪费，团队效率就会翻倍

[美] J.J.萨瑟兰　著　　姜伟　译

J.J.Sutherland

文汇出版社

图书在版编目（CIP）数据

7人团队敏捷管理手册 /（美）J.J.萨瑟兰著 ；姜伟
译. -- 上海 ：文汇出版社，2021.7
　ISBN 978-7-5496-3554-2

　Ⅰ. ①7⋯ Ⅱ. ①J⋯ ②姜⋯ Ⅲ. ①企业管理－团队
管理－手册 Ⅳ. ①F272-62
　中国版本图书馆CIP数据核字（2021）第097036号

7人团队敏捷管理手册

作　　　者 / （美）J.J.萨瑟兰
译　　　者 / 姜　伟

责任编辑 / 戴　铮
特邀编辑 / 敖　冬
封面装帧 / 于　欣

出版发行 / 文匯出版社
　　　　　　上海市威海路 755 号
　　　　　　（邮政编码 200041）
经　　　销 / 全国新华书店
印刷装订 / 北京中科印刷有限公司
版　　　次 / 2021 年 7 月第 1 版
印　　　次 / 2021 年 9 月第 2 次印刷
开　　　本 / 880mm×1230mm　1/32
字　　　数 / 190 千字
印　　　张 / 9.5

ISBN 978-7-5496-3554-2
定　　　价 / 69.90 元

侵权必究
装订质量问题，请致电010-87681002（免费更换，邮寄到付）

献　词

献给 v*

感谢你坚持认为欢乐应该是本书的基石

要求我们的书像北极星一样，永远充满希望

感谢你宣布嫁给一位作者

再次爱上我

不断提醒我仰望光明

感激你在我的生活中，我很幸运

如果没有你，这本书就不会是现在的样子

目录

3 每次延迟决策，都在增加失败的可能性

能在 1 个小时内快速做出决定的项目，58% 都获得了成
功。如果花超过 5 个小时来做决定，成功率就几乎为零。
决策拖延越久，代价就越高。Scrum 的关键经验是，让
最接近工作的人来做决定，速战速决。

4 不要把忙碌和完成混为一谈

30% 的工作从一开始就根本不应该做！人们拒绝给工作
排优先顺序，每个人都忙忙碌碌，却无法交出实际工作
成果，浪费了巨大的生产力。一次只做一件事，就一件，
去完成真正需要完成的事情，不做任何无用功。

5 任何组织中，都会有人抗拒改变

人们害怕做出他们需要做出的改变，Scrum 能提供治愈
恐惧的解药——人与人之间亲密的关联。
紧密的氛围，让每个人联合起来、众志成城，攻克任何
艰难的目标，适应任何棘手的改变。

7人团队
敏捷管理手册
消除管理中的浪费，团队效率就会翻倍

- **小团队**：3~7人的团队是理想的，团队越大，减速越显著。

- **稳定的团队**：把项目交给人，而不是人交给项目。

- **参考过往的工作量来估算目标**：只承诺上次完成的工作量。

- **专注的团队**：让团队切换任务，会降低速率。

- **每日立会**：每一天、同一时间、同一地点。

- **中断缓冲区**：要有应对意外的计划。

- **清晰的待办事项清单**：明确需要完成什么。

- **良好的内务管理**：一旦发现缺陷立即处理，绝不拖到第二天。

- **蜂群模式**：一次只做一件事。

- **彻底完成**：在每次冲刺结束时，工作都被全部彻底完成。

- **合作**：每个人都应该听到彼此的声音。

1

敏捷管理（Scrum）
一种提高效率的工作方法

Scrum 是一门极力减少不必要工作量的艺术，它专注于让员工不受种种杂事的羁绊，激发个体斗志，释放出巨大的人类潜能，帮助我们更快地工作，更有成效地工作，在更短的时间内完成更多工作。

我经常发现，我所认为的世界运转方式，实际上并非世界运转的方式。对我而言，这种发现是生活中最振奋人心的事。一旦出乎意料的真相得到揭示，证明自己大错特错，惊心动魄之感便油然而生。这意味着一种更新鲜、更合适、更精确、更包容的世界观出现了。意识到理解事物如何运作的旧公理、旧的闭锁方式是错误的，我如获天赐。我发现，在生物学、科学研究、商业和生活中，事物运作的方式比我想象的更错综复杂，更难以捉摸，更变幻莫测。这种认识使我的思想摆脱束缚，获得令人难以置信的解放。

这种体验常让我想起"现代化学之父"安托万·拉瓦锡，想到拉瓦锡1789年出版的革命性著作《化学基础论》背后的故事。拉瓦锡提出，通过严格的实验，可以推导出基本原理：

在几何学中，实际上，在知识的每一个分支中，普遍承认这样一条准则，即在研究过程中，应该从已知事实出发，去探索未知事物……如此这般，从一连串的感觉、观察和分析中，一系列相互承继的思想便产生了，这些思想紧密相连，细心的观察者可以追本溯源，进而发现人类全部知识的规则和联系。

拉瓦锡提出一种理论，他认为世界由基本化学元素组成，并且基本化学元素是不能被分解的模块，是构建物质的基石。由此，拉瓦锡孜孜以求，开始了寻找化学元素的科学探索，结果成就斐然。他命名了氧、氢、碳，发现了氧在燃烧和呼吸中的作用，证明了水由氢和氧两种元素组成。他使化学领域发生了革命性的变化。他创造出全新的语言，用以描述现实的组成部分如何相互作用。换言之，他重新描述了世界的运转方式。他利用自己提出的基本原理，成功预测出在他有生之年尚未发现的其他元素的存在。

在拉瓦锡之前，化学家只能研究大自然偶然形成的化学物质。拉瓦锡认为与其仅仅局限于已知元素、局限于误打误撞发现的化合物，不如进行实验，直至找到整个宇宙中所有可能存在的化合物。

拉瓦锡的思想振聋发聩。《化学基础论》一书的出版成为科学史上伟大的分水岭。在拉瓦锡之前，科学家和文人墨客都认为世界是单向运转的；在拉瓦锡之后，人们认识到世界的运转方式完全不同。现代化学宣告诞生，世界随之改变，天翻地覆。如今，从衬衫上的纽扣，到冰箱里的冷气，再到印刷本书的墨水，或是驱动手机的芯片，这一切都有赖于拉瓦锡的发现才能得以实现。

我乐见此类事情发生，乐见我们的世界观因为新发现而发生脱胎换骨的转变，乐见我们认为理所当然的一切因为新信息或新数据而受到质疑，乐见今天的世界是这样，而明天我们就有了甚至前一天都无法想象的发展潜力。

一种新思维——敏捷管理

数年前，我与家父杰夫·萨瑟兰合著了我的第一本作品《敏捷革命》。此书出版后，越来越多的人开始意识到这样一个事实，即商业运作方式日新月异，我们一觉醒来，突然发现一场革命正在推动商业世界的变革，而自己正置身于巨变的浪潮之中。就像拉瓦锡的研究一样，商业世界的变革向我们展示出一个新世界，旧的一套做法在此根本行不通。我最近与公司首席执行官和高管们多有交流，我在谈话中使用了一种新措辞：Scrum 是一门改变可能性的艺术。

对 Scrum 的需求由社会、经济和政治的快速变化驱动，而变化又是由技术进步的巨大速度所驱动的。你肯定听说过由英特尔公司联合创始人戈登·摩尔首创的摩尔定律。1965 年，戈登·摩尔撰写了一篇论文，题目很令人兴奋：《让集成电路填满更多元件》。现在所谓的摩尔定律就出自这篇论文的结论：芯片上的晶体管数量每两年翻一番。翻番意味着按指数级增长。晶体管数量翻番的同时，增加的计算能力的价格则相应减半。

世界日新月异，变化速率甚至快到令人无所适从。我们纵使绞尽脑汁，也无法想象接下来会发生什么。在此，不妨用一个古老的法国儿童智力游戏，来说明事态发展多么让人措手不及。假设你无意中发现一处迷人的荷塘——权作是凭借印象派大师莫奈的几十幅画作而闻名遐迩的法国小镇吉维尼的那个荷塘吧。你不妨在脑海里想象出一幅图景来：水澄如镜，有睡莲漂浮于水面，一座小桥飞跨南北，天空和树木构成池塘的框架，天光树影交相辉映，同绘莲图。

假设池塘里的睡莲数量每天翻一番，30 天后，睡莲将完全覆盖水面，用花瓣将池塘窒息。睡莲无过，却会扼杀池塘里的生命——鱼、青蛙，甚至睡莲本身，无一能够幸免。但我们还有时间来拯救池塘，不是吗？毕竟，睡莲秀丽可人，弃之可惜。如果决定等到睡莲覆盖半个池塘再介入，那么还有多少天的时间可以用来拯救池塘呢？

一天。仅仅一天。到第 29 天，睡莲将覆盖半个池塘。次日，睡莲将封死整个池塘。

下面，不妨再举一例来说明晶体管倍增和性能倍增所带来的速度变化。姑且看看著名的棋盘上的麦粒问题。案例的起源可以追溯到 1256 年（这一历史颇能给人一些启示，让你知道人们思考此类情况的由来有多么悠久）。如果把一颗麦粒放到棋盘的第一个方格上，接下来，在每一个方格上，把麦粒数量依次加倍，到最后一个方格时，麦粒数会增加 63 倍。换言之，最后一个方格里会有大约 900 亿亿粒小麦（确切地说是 9223 372 036 854 775 808 粒小麦）。这一数字非常、非常庞大，大到深不可测，常人难以理解。这就是我们正在经历的变化速度。快速变化带来新问题，令旧的运作方式不堪重负，无能为力，系统面临崩溃。复杂性不再是稀罕物，而是日常必须努力克服的问题。

接下来会发生什么

Scrum 是一种让个人、团队或组织能够应对复杂性、应对无法预测的变化，灵活地在不断变化的问题中敏捷行动的工作方法。我们生活在日新月异的变化之中，这要求我们不断更换工作方式。Scrum 就是解决问题的答案。

但是，要真正获得 Scrum 的力量，即它所提供的巨大的生产力和价值交付，就必须在管理和运营上进行根本性的变革。虽然有一些 Scrum 团队能够以惊人的速度推出产品，但你真正想要的是企业级的 Scrum。传统的结构必须改变，激励机制必须改变，绩效管理必须改变，整个组织的人，即使他们自己不是 Scrum 团队的成员，也必须学会如何以一种新的方式与 Scrum 团队互动，如何以一种新的方式组建、帮助和管理 Scrum 团队。

有时，传统组织中的人，一旦真正了解了必须改变的规模，就会举手投降。改变是不可能的，困难无法逾越。在成熟的公司中，有太多的官僚作风，太多的历史负担，太多的企业"做事方式"。经理们说，我们不能什么都改变，这不符合我们这里的工作方式。而且，一旦出了问题，他们就会四处寻找"替罪羊"。

谁对公司的成败负责、钱是怎么花的、出了什么问题，这些统统无关紧要。唯一要紧的是：接下来会发生什么？过去的就让它过去吧。在商业、政治或人际关系中都是如此。你希望未来是什么样子？你如何利用可能会发生的改变，来定位自己？你如何使你的团队、部门或公司不仅具有弹性，而且在每次遇到问题时都能发展壮大？如何建立一个足够强大的系统，每次灾难来袭时，这一系统不仅能够恢复原貌，而且能够成长、学习，并变得更得力？

最好的组织从自己的错误和成功中学习，然后系统地利用经验教训来改进提高。我的团队失败时，我经常告诉他们："太好了。现在我们知道这样行不通。下次，给我带个更有趣的错误来。"

你真正需要的是我所说的企业复兴（Renaissance Enterprise），即企业摆脱过去的束缚，从旧的世界观中解脱出来，创造出几年前难以想象的东西。我们需要能够应用于人的摩尔定律。我们如何让自己变得更快、更高效、更多产，进而如何大规模地做到更快、更高效、更多产？

乐高世界

　　跟我一起去一趟北欧吧，去瑞典，去逛逛宜家家具总部，去看看国际畅销书《龙文身的女孩》，去听听列入美国摇滚名人堂的流行乐团 ABBA 乐队，去尝尝世界上最棒的肉丸子，去沐浴午夜阳光。瑞典也是萨博公司（Saab）的总部。你可能知道萨博是一家汽车制造商，已经不再生产汽车。但是，生产汽车一直是公司的副业。萨博真正做的是制造战斗机，天晓得！

　　萨博制造战斗机的历史已经有几十年，可以追溯到 1937 年。很明显，当时世界各国即将卷入一场全球范围的大冲突，因此，不与任何党派或国家紧密结盟的瑞典决定建立自己的空军。自拿破仑时代结束以来，瑞典就一直奉行类似于瑞士的官方中立政策。在第二次世界大战和冷战期间，瑞典得以正式维持这一政策。但是，瑞典国土狭长，西有北约咄咄逼人，东有苏联虎视眈眈，我们生活在这个国家的好朋友无疑要面对压力重重的局面。

　　正因如此，1950 年，瑞典人建立了自己的空军，推出了 Saab-29 圆桶型战斗机，它可以与当时世界上最好的战斗机媲美。他们建立了大约 55 个作战中队，其中许多中队处于待命状态，能够在 60 秒内升空作战。后来，他们不失时机地开始向奥地利、巴西、南非、泰国等其他国家出售战斗机。

　　在推出 Saab-29 圆桶型战斗机之后，他们又生产出 Saab-32 矛式战斗机和 Saab-35 龙式战斗机。20 世纪 80 年代，萨博公司又生产出Saab-39鹰狮A/B型战斗机和Saab-39鹰狮C/D型战斗机。然后他们遇到了一个问题。鹰狮战斗机属于战斗机中的上乘品，销路良好。但萨博和瑞典军方希望对其进行现代化改造，使其功率更大，航程更远，武器性能更好。这就是Saab-39鹰狮E型战斗机的灵感来源。起初，萨博公司的工程师只打算简单地对60架左右现存的Saab-39鹰狮C型飞机进行现代化改造。

至于原因嘛，嘿，别忘了，飞机造价昂贵，而且很难制造。最终，他们在更新飞机时，采用了Scrum敏捷管理。Scrum起初只是在软件团队中实施，但很快就开始传播，遍地开花，进入设计团队、工程团队、品控团队，乃至无处不在。规模化Scrum（Scrum@Scale）是一个平台化的组织框架，它由跨功能的团队快速交付价值。随着敏捷管理在萨博公司的传播，公司领导产生了一个激进的新想法——如果使用Scrum来生产飞机，将来会怎样？

萨博公司指出：我们想要一架能飞50年的飞机。我们知道，未来几十年里，飞机制造技术将发生根本性改变。目前的飞机设计实在很难更新。部件之间紧密耦合，互相纠缠。如果我们构建一个模块化的平台，可以很容易地拆解或组合，就像Scrum的组织一样，结果会怎么样？我们不必等待一个全新的计划出现，就可以随时更新整个系统。一旦新式雷达、新品电脑或更强劲的发动机出现，我们可以直接取出旧的，插上新的，而不必伤筋动骨地更换飞机的其他部分。如此这般，何乐而不为呢？如果我们像搭建乐高积木一样造一架战斗机，结果会怎么样？

萨博公司的约尔延·弗鲁赫尔姆表示："我们希望Saab-39鹰狮战斗机能拥有即插即用的系统，我们将它称为智能战斗机，因为我们不知道几年后客户想要什么。"

飞机需要更好的发动机？没问题，换发动机就成了。需要改良的雷达？没问题，换雷达就成了。需要精确灵便的武器装备？没问题，换武器装备就成了。萨博原理使鹰狮战斗机如虎添翼，屡屡战胜看似不可能的挑战。它可以在极端天气条件下于公路上着陆；可以在10分钟内加满油并重新战斗——只需要6个人，无需特殊工具，而其他大多数战机需要2～3倍于此的时间；萨博原理甚至可以让飞机在1小时内更换引擎。这就是模块化所能做到的。

此外，萨博公司还是一个趣味十足的工作场所。在瑞典工科学生给出的最佳工作场所的排名中，萨博高居榜单第二位，仅次于冠军谷歌。与世界上大多数公司不同的是，萨博的员工每天都有去工作的欲望，而世界上大多数公司的员工打死都不愿意去上班。

"这关乎献身精神。人们认为项目很酷，特别酷，热爱造飞机，团队中洋溢着几乎可以触摸得到的责任感。"弗鲁赫尔姆说。

这里体现的就是Scrum的力量。Scrum使人们可以更快地工作，更有成效地工作，在更短的时间内完成更多工作。Scrum能让团队充满激情，无阻碍地工作。萨博欣然接受Scrum后，发现只要专注于让员工不受种种杂事的羁绊，他们就可以释放出巨大的人类潜能。

尽管 Saab-39 鹰狮 E 型战斗机的部件更适用，设备更先进，几乎方方面面都比其前 4 代更优越，但其研发成本、制造成本、运营成本都更低。让 150 架鹰狮战斗机飞行 40 年需要花费大约 220 亿美元，大约是保持 65 架美制 F-35 战斗机飞行所需费用的一半。

他们正是用 Scrum 做到了这一点：从零开始，建造出一架高度先进的战斗机。我与形形色色的公司打交道，常听公司管理者感叹：唉，Scrum 是为开发软件而设计的。我们所从事的工作太复杂了，没法敏捷。通常就是在这个时候，我会给他们讲鹰狮战斗机的事。"我很确定，"我说，"不管做什么，都不会比制造战斗机复杂。"

我不确定 Scrum 这个词的意思和你想的一样。

Scrum 常常打着敏捷（Agile）的旗号，近年来已经变得无处不在，它不再只是软件科技公司的工作方式，越来越多的大公司开始采用 Scrum，几乎将其应用于所有领域。专门从事银行、汽车、医疗器械、生物技术、保险、医疗保健等业务的公司纷纷转向 Scrum，将其作为一种保持市场地位的方式。像博世、可口可乐、美国航空公司、斯伦贝谢、富达和洛克希德·马丁这样的蓝筹股公司都已经转向 Scrum，以客户现在认为非常必要的速度提供价值和品质。

这种变化在很大程度上是由所谓的数字转型驱动的。其理念是，昔日业务和技术分离的日子已经一去不复返了。如今，每家公司都堪称科技公司。软件已经吞噬整个世界。你汽车里的代码行数比 Windows 操作系统里的代码行数还要多，甚至一台新洗衣机都需要 Wi-Fi 密码。

现在，许多公司——通常是在首席执行官看了 TED 演讲或从同行或咨询公司那里听说了 Scrum 的好处后，受到激励——铁了心，无论遇到什么，就算上刀山下火海，也要转型 Scrum。

至此，我认为有必要定义敏捷（Agile）这个术语，明确 Scrum 与敏捷二者之间的关系。Scrum 诞生于 1993 年，于 1995 年由两位共同创始人杰夫·萨瑟兰和肯·施瓦伯正式确立。整个 20 世纪 90 年代中期，在网络新闻组论坛上，在会议中，许多人都在努力寻找开发软件的方法，以避免越来越普遍的可怕的失败。

2001 年，17 个寻找软件开发方法的人聚集在犹他州雪鸟市的一个滑雪胜地，开了两天学术研讨会。出席会议的有家父杰夫·萨瑟兰，还有肯·施瓦伯和另一位 Scrum 的早期尝试者迈克·比德尔。另外 14 名与会者的背景各不相同，所持方法论也五花八门，但他们意识到大家都在试图用相似的方式来解决同样的问题，只是做法大同小异。

我听几个当年在场的人讲，第一天，他们就争论起来。大家主要争论的是如何称呼这个方法，因为他们知道这个方法就在那里，但苦于它尚未命名。那天快结束时，迈克·比德尔建议使用敏捷（Agile）这个名字。其他人的几个建议紧随其后，比如候选名单的亚军是轻量级（Lightweight）。比较起来，每个人都认为敏捷这个名字更有卖点，所以他们决定将这个方法称为"敏捷"（Agile）。然后，他们开始讨论敏捷的含义。

第二天，他们又吵开了。好吧，就用敏捷命名了，但是，敏捷一词到底意味着什么呢？如何描述它？争论不可开交，不得已，与会者决定来个茶歇。9个人出去吸烟，另外8个人留在房间里。其中一位叫马丁·福勒的人走到白板前说了一句话，大意是我们一群人花了两天时间，如果依旧无法达成一致意见，会议无果而终，岂不遗憾？大约在15分钟内，房间里的8个人提出了以下观点：

我们一直在实践中探索更好的软件开发方法，身体力行的同时也帮助他人。由此，我们建立了如下的价值观：

  个体和互动，高于流程和工具

  工作的软件，高于复杂的文档

  与客户合作，高于合同谈判

  响应变化，高于遵循计划

也就是说，尽管右项有其价值，我们更重视左项的价值。

15分钟后，其他9个人回到房间，其中一个人，维基百科（Wiki）的创始人沃德·坎宁安感叹说："这太棒了！"这4条价值观就这样定了下来，只字未改。

这就是敏捷，是一种价值观的陈述。他们花了1天的时间提出了敏捷的12项原则，比如"以简单为本，它是极力减少不必要工作量的艺术"，又如"激发个体的斗志，以他们为核心搭建项目，提供所需的环境和支持，辅以信任，从而达到目标"，再比如"坚持不懈地追求技术卓越和设计良好，敏捷能力由此增强"。这12项原则，条条关系重大，但与会者对如何实施这12项原则却不着一字。没有架构，没有方法论，只有4条价值观和一些相当常识性的原则。

这几条价值观和原则改变了世界。他们在敏捷宣言网（agilemanifesto.org）上发布了《敏捷宣言》，然后回家继续艰苦地工作，实施宣言。他们完全不知道，《敏捷宣言》的影响会远远超出软件世界。

但是我想提醒一点，当有人说他们走敏捷路线（Agile）时，一定要问问他们，这样说的确切意思是什么。这一点非常重要。目前，Scrum是走敏捷路线的最流行的方法——大约70%的敏捷团队使用Scrum。不过，Scrum不是唯一的方法，仅仅说一个公司走敏捷路线并不能说明多少问题。

让摩尔定律适用于人

如果你以前从未听说过Scrum，或者你刚刚接触，不确定Scrum如何能促进你的业务，那么让我给你快速介绍一下Scrum的由来和实施它的目的。

自20世纪80年代末以来，硅谷的人们一直关注摩尔定律对技术快速发展的影响。随着我们制造的机器能够做更多的事情，软件项目愈加复杂。可悲的是，项目的失败也愈加常见，浪费了越来越多的时间、精力、生产力和梦想。

我们以那时伦敦证券交易所的金牛座（TAURUS）项目为例。TAURUS 是个首字母缩略词，其全称是 Transfer and Automated Registration of Uncertified Stock，即股票转让和自动登记系统。问题是，交易所的结算系统使用一种叫作护身符（Talisman）的系统。结算是一个花哨的词，直白来说就是"一手交钱，一手交货"。当你在证券交易所买了一只股票后，实际上将这只股票转移到你的投资组合中需要 2～3 周的时间，这还涉及将实际的纸质股票凭证从一个地方运送到另一个地方。买卖股票的交易系统被称为证券交易所自动报价体系（Seaq），这个系统是个电子交易平台。问题是，护身符系统比自动报价系统早了很多年，自动报价系统不能和护身符系统对话。

开发金牛座项目就是要解决上述问题。金牛座项目是一种电子结算系统，它将取代旧的纸面结算系统，并与国际结算系统结合，进行国际证券交易。项目倘若能实现，将是一项了不起的成就。但是个体交易者与批发供应商各有所需，众口难调。此外，大多数交易者希望金牛座能够与他们的订制系统对话，而不是取代他们的订制系统。所以越来越多的要求开始被纳入金牛座项目的开发中。

不过，按计划，金牛座系统是要一鸣惊人的。它将至少与 17 个不同的系统相结合。你说神不神？哈米什·麦克雷 1993 年 3 月 12 日在《独立报》上撰文指出，金牛座项目存在 3 个方面的问题。第一，试图从零开始搭建巨大的软件系统并希望系统一经发布就如同"创世大爆炸"一样成功，一劳永逸，这种做法是非常冒进的。"大爆炸"不允许有小的失败或错误，即使最小的失败都是灾难性的。然而，这种大包大揽、眉毛胡子一把抓的方法在当时司空见惯，甚至在今天也时有发生。各公司都下了巨大的赌注，妄想建立一个庞大的系统，把一切问题立刻全部搞定。根据斯坦迪什集团的数据，以这种方式运作的项目，大约有40%以彻底失败告终。另有一半的项目或者不能如期完成，或者超出预算，或者无法达到预期目标。开发金牛座系统的目标，是完全取代全球三大金融中心之一的结算体系。有鉴于上述风险，金牛座项目下的赌注虽大，想赌赢却机会渺茫。

第二，麦克雷指出，拥有一个有效的系统很重要，拥有一个运行不错的系统要远远胜过追求一个完美却无法运作的系统。永远别让完美成为优良的敌人。在金牛座项目中，就像在其他任何项目中一样，"范围蔓延"敲响了项目的丧钟。如果新系统不仅能完成我们已经想到和要求它做的所有事情，而且还能完成另外的目标，那不是很棒吗？如果在人们等待交易完成的同时，它还能制作出完美的浓咖啡，那就更了不起了。最终，一个在一开始就很简单且定义良好的项目被小题大做，化简为繁，人们妄图搭建出为所有人包办一切的系统来。结果自然事与愿违，最后甚至无法完成设计师最初打算实现的最简单的功能。

我看很多公司一直都在使用SAP软件，它是ERP系统（企业资源计划系统）的市场领导者。ERP系统功能强大，拥有庞大的数据库，用于跟踪现金、原材料或生产能力等资源，并将其与工资单、发票、订单等进行匹配。因此，ERP系统涉及公司采购、销售、人力资源、会计、生产等几乎每一个环节，并将相关信息进行数字化整合。如果你用现成的ERP系统，实际上是非常有效的。

就像金牛座项目一样，当人们对ERP系统几乎无所不包的神奇解决方案感到非常兴奋时，问题就来了：要集成每个系统，要与地下室的老式大型机通信，要能处理云计算，要把不同部门使用的偷工减料的拼凑系统缝合在一起。（或者干脆把它们全部替换掉！用更好的东西！）于是，范围蔓延开始了。让它能和我们已经使用了30年的系统对话，或者它应该包括我们20年前购买的、现在已经不再受支持的现成产品的所有特性。诸如此类的条目，倘若列出清单来，可谓无穷无尽。

仅在过去的6个月里，我就与三家跨国公司合作过，它们尝试实施SAP均已超过10年。在一家全球性的饮料公司——你今天可能已经喝过他们公司生产的饮品——在我讲了要化繁为简之后，一位工程师悄悄走到我跟前，压低声音说了几句话。"我们已经在SAP上花了10多亿美元，"他说，"但它仍然不起作用。"另一家公司拥有成千上万的员工，在地球上最偏远的地区工作。这家公司告诉我，花10亿美元算是很便宜哩，他们公司在SAP上花了15亿美元，同样没有成功。第三个例子我就不讲了，免得你听来沮丧。相信我，第三家公司依然很糟糕。这三家公司有一个共同点：尽管花费数十亿美元之巨，投入成千上万的人力，但都没有成功。然而，他们每年仍然在这个问题上投入数亿美元，依旧以同样的方式做事，却期待得到不同的结果。

话题有些扯远了，咱们还是回到金牛座项目上来，继续谈一谈结算系统中这颗完美的明珠，谈一谈那些肩负着将 17 种不同的建议整合到系统运作中去的人。这些人真可怜。他们就像古希腊神话中的西西弗斯，要去完成不可能完成的任务。金牛座系统需要被打造成适用于所有人的万能神器。他们尝试过，也尽力了。

关于金牛座项目的最后一个问题，不妨引用麦克雷的一段话加以说明：

> 证券交易所一直不肯听取客户的意见。证券交易所的客户分多种类型：会员公司、交易所代为进行股票交易的公司、机构投资者、个人投资者。会员们为金牛座项目的成本忧心忡忡，交易所代理的公司们对金牛座项目不满意（有些公司甚至拒绝提供帮助），机构们往好里说是漠不关心，往坏里说是怀有敌意，知道金牛座的小投资者则都对似乎必须支付的额外费用感到不安。想顶住种种明里暗里的阻力，就得有一种"非同一般的傲慢"。

"非同一般的傲慢"即专家的傲慢，专业人士的傲慢，官僚的傲慢。这种傲慢，把流程凌驾于人之上，更看重对起作用之物进行复杂描述，却不看重事物本身。他们固执地认为，只要全身心投入，精心设计出一套计划就好，不必谨小慎微，不考虑情况可能会发生变化，只要计划周详，就万无一失了。

金牛座项目诞生于一个原本美丽的理想，然而，经数年努力，数千名工作人员日夜奋战后，该项目最终还是在 1993 年被取消了。在这个项目中，约 7500 万英镑打了水漂，对利益相关者造成的成本影响总计约为 4 亿英镑。

这一失败不但浪费了大量的金钱，也浪费了大量的时间和宝贵的生命。一群绝顶聪明的人献身数年时间，仅仅创造出一批成为技术灾难代名词的东西。

虽然我很想告诉你金牛座项目是我能给你举出的最糟糕的例子，但事实并非如此。类似的例子不胜枚举。英国国家卫生系统搞了个"连接健康"项目，意欲在英国创建电子健康档案系统。该项目白白浪费 9 年时间，耗资 120 亿英镑。美国军队的"远征作战支援系统"浪费了 7 年时间，耗资 11 亿美元。从 1987 年开始，加州机动车管理局耗资数千万美元搭建了一个系统，到 1990 年，这个系统比它要取代的系统还要糟糕——然而，他们积重难返，一直拖到 1994 年才放弃。《旧金山纪事报》将其描述为"一个不可行的系统，不增加数百万美元的支出，根本无法修复"。

我们的机器越来越快，功能越来越强，但我们人类自身却没有任何值得炫耀的成绩——这就是我父亲在 20 世纪 90 年代初的工作环境。如果你想了解发生了什么，请阅读《敏捷革命》一书。但简而言之，他想出了一种新的工作方法。他的批判性见解是，那时的种种失败并不是由工作的参与者造成的。那些在大型项目中失败的经理、工程师和设计师既非坏人，亦非蠢材。他们并没有打算失败，而是怀着伟大的梦想和目标，踏上征程，力图改变世界，改变世界做事的方式。

失败的不是人，而是制度，是人们工作的方式，是人们去开会讨论和计划工作时思考问题的方式。对他们而言，循规蹈矩至关重要。谁要是另辟蹊径，离经叛道，他们就会质疑谁，犹如一条离不开水的鱼质疑陆生物种对江河湖海的忠诚。

生存指南

那些因自动化而失业的人，与那些生存不断受到威胁的公司并没有什么不同。无论你是为自己的工作做出个人选择、为一家大型跨国公司规划战略目标，还是用截然不同的原则决定一种文化将如何适应新环境，快速适应的能力都将决定你的成功。正如我和家父在上一本书中所写的：要么改变，要么死亡。

不过，在本书中，我想再给你提供一些工具。我将带你环游世界，从外太空到呼叫中心，从激进的新技术到餐馆。趋势可能看起来很可怕，但我真的相信，我们可以学会欣然接受变化，多些弹性，少些恐惧，有能力做更多的事情，不要再哀叹，带着全球目标采取行动，而不是被自身周围的力量所束缚。

Scrum 本身是无为的，无为是真正的诀窍。Scrum 所做的只是释放出我们所有人内心中的伟大。伟大就在那里，它可以被隐藏，也可以被击败，但它永远不会消失。人之为人，奥秘就在这里。某一天，我们认为世界是以某一种方式运转的；下一天，我们发现世界并不是以那种方式运转的，而是另有其道。在这一瞬间，我们意识到我们一直在通过一个狭隘的镜头看这个世界，我们的视角之外还存在着我们从未想过的宇宙般无穷无尽的可能性，此刻，我们突然发现自己可以重塑世界的运作方式了……实际上我们一直都可以。

回　顾

Scrum 是一门改变可能性的艺术。 你可以适应这个不断加速变化的世界，看看你自己、你的组织、你的同事和你的员工真正有能力做什么。无论你是在为自己的工作做出个人选择，还是为一家大型跨国公司制定战略目标，快速适应的能力都将决定你的命运。

失败是不可避免的，也是无价的。 谁对公司的成功或失败负责、钱是怎么花的、出了什么问题，凡此种种，都不要紧。最好的机构能从错误和成功中学习，然后系统地利用经验和教训，来改进提高。

完美是被高估了。 拥有一个运行良好的系统比追求一个无法运行的完美系统要好得多。

待办事项清单

✓ 回顾敏捷路线的 4 条价值观，评估你和你的组织有多敏捷。记住，"尽管右项有其价值，我们更重视左项的价值"。

个体和互动，高于流程和工具
工作的软件，高于复杂的文档
与客户合作，高于合同谈判
响应变化，高于遵循计划

✓ 检查你的组织对失败的反应。是把失败视作宝贵的学习机会，还是将之当作推卸责任的时机?

✓ 评估你和你所在组织的适应能力和创新能力。你有多容易跟上不断变化的需求、愿望和要求? 你是一个颠覆者，还是坐以待毙者? 是什么在促进或伤害你对变化的反应能力?

2

不要抵制改变，要驾驭改变

Scrum让我们最大程度减少返工，面对变化迅速做出反应，迅速得到反馈，迅速调整工作进程，它能降低改变想法的成本，允许我们边做边学，在过程中抓住机会，同时确保客户得到想要的东西。

我的同事乔·贾斯蒂斯有一句简单的口头禅："Scrum 的目的是为了降低改变想法的成本。"乔为生产耐用消费品的公司工作，比如生产汽车、火箭、医疗器械、消防员个人防护设备等诸如此类的公司。

他遇到的问题并不是制造业所独有的——你的产品应该是什么？功能是什么？你需要做什么来达到高标准？你如何以合理的成本并按照客户需要的速度交付产品？无论从事什么行业，你遇到的问题都是一样的。

在这本书中，我将列出一些模式和案例，以超出你想象的速度帮助你解决上述问题。但是，在深入探讨问题之前，我想先简要介绍一下 Scrum 的基础知识。

Scrum 的工作原理

下面是 Scrum 的工作原理：

首先，你需要了解在 Scrum 中有 3 种角色，而且只有 3 种：产品负责人、Scrum 主管和团队成员。没有业务分析师，没有技术主管，没有高级 Scrum 主管，只有以上 3 种角色。他们组成一个能够独立创造价值的 Scrum 团队。团队是 Scrum 中最小的组织单元，负责在被称为"冲刺"的短周期内迅速向客户交付价值。

产品负责人，或称 PO，负责开发"做什么"之类的问题，即团队要构建或创建什么产品，要交付什么服务，要编写或发布什么流程。产品负责人从客户、利益相关者、团队本身以及将从团队所做的事情中获得价值的人那里获取信息。他们可能是正与农作物疾病做斗争的乌干达农民，可能是制造自动驾驶汽车的工程师，也可能是去看新上映电影的影迷。产品负责人必须研究所有的信息，哪怕其中一些投入可能是矛盾的，并创建团队将做什么的愿景。在得到所有想法之后，产品负责人必须按照从最有价值到最低价值的顺序，对其进行排序。排序通常是最困难的部分。Scrum 不设立最高优先级，而且每次只有一件最重要的事。优先级通常很难确定，但 Scrum 就是这样工作的。

产品负责人将所有要做的事情按优先级排序，从最有价值的到价值最小的，创建产品待办事项清单。它是一个潜在的无限列表，要列出团队可能处理的所有事项。同时，它也是一个灵活的文件，基于客户的反馈、不断变化的市场状况、洞察力、管理手段等，不断变化。设计产品待办事项清单的目的是让改变变得更容易。

然后，产品负责人在一项名为"冲刺"的行动中向团队展示待办事项清单。在本次行动中，团队会考虑产品待办事项清单，并决定要处理什么问题，在下一个冲刺中要完成多少工作。注意，是团队做出决定，而不是产品负责人或管理层做出决定。团队把产品待办事项清单中的顶部项目拉到冲刺任务清单中。虽然产品待办事项清单中的事项可以无限替换，但冲刺任务清单中的事项是固定的。团队必须专注于这些项目和下一个冲刺所要完成的项目。

接下来就是起跑和竞赛了。团队采用对自身最有效的节奏，执行 1～4 周的冲刺。现在大多数公司都会进行为期两周的冲刺，但我总是向客户推荐为期 1 周的冲刺。这样建议的原因是 Scrum 过程有内在的反馈循环，我希望循环周期短一些，以便能够快速得到反馈。对于在销售、客户支持或财务等领域工作的团队来说，缩短循环周期尤其重要，因为在这些领域，响应能力至关重要。

下一个活动是每日立会，通常被称为站立会议，每次只持续 15 分钟。在每日立会中，团队分享他们为实现冲刺目标所做的工作、在接下来 24 小时内将要做的事情，以及他们看到的任何可能阻碍团队实现目标的事情。每日立会不是进度汇报会，而是像橄榄球比赛队员围聚接受指点一样，是一个迷你的重新规划会。团队在工作中学习到一些东西，每日立会则提供了分享前一天所学内容的机会。这就像一群人去自驾游：规划好到达目的地的路线，上路，每天吃早饭时查看地图，查看天气，看看轮到谁开车，然后再回到路上。短短 15 分钟后，每日立会结束。

现在，轮到 Scrum 主管进场了。这是个奇怪的职位名称，不是吗？家父是 Scrum 理论的联合创始人，我曾游说过家父，建议他把这个称呼改成别的，比如"教练""领队""指导"之类的。他告诉我，这个说法已经深深融入公司文化，即使想改也太迟了。啊，好吧。现在，Scrum 主管这一角色在大多数公司中都是一个新事物，他们的全部工作就是帮助团队跑得更快。速度是 Scrum 主管唯一的目标。

你为什么要花钱请别人来做这个？好吧，如果 Scrum 主管能让你的团队以两倍的速度创造价值，他们岂不是相当于自己给自己发薪水了？更何况他们带来的价值远远超出他们个人的收入。让团队走得更快总要好过雇用更多人手或团队。因此，Scrum 主管帮助团队加快速度（Scrum 用速率来衡量速度），产品负责人负责将速度转化为价值。没有什么比一群优秀的人快速制造出没人想要的东西更让人伤心的了。记得诺基亚手机吗？诺基亚公司有一批优秀的 Scrum 团队，他们使生产手机的速度快到了令人难以置信的程度，不过，一旦人们看到苹果手机，就没人想要诺基亚手机了。在短短几年内，诺基亚公司就从手机市场的主导者变成了市场价值为零的公司。

Scrum 主管就像运动队的教练，帮助团队完成 Scrum 过程，并设法解决拖慢团队进度的难题。这是 Scrum 主管唯一的工作，每一天都是如此。

当团队不停地连续工作处理冲刺任务清单时，他们需要与产品负责人坐下来进行讨论，需要梳理任务优先级。在我看来，梳理任务优先级关系到 Scrum 的生死存亡。正是在这个过程中，产品负责人为未来的冲刺带来他们所有的好点子，并与团队合作，让这些想法付诸实施。产品负责人精确地决定某个项目需要什么，而且最重要的是——用什么标准来判断该项任务是否完成。

以我经常做的事情，即写一篇博客文章为例。现在，我很容易说，嘿，我已经写好了，完成了。但真的完成了吗？文章需要编辑，需要校对，需要配图片，需要放在网站上，必须有人点"发布"按钮。在所有这些事情发生之前，你不会从我写的博客中得到任何价值。重要的是要确保观察到所有的工作，而不仅仅是你个人的一小部分工作。

标准可以是简单的，就像纸上的一张图片，标准也可以是复杂的，比如，团队的项目是制造可植入医疗设备，所以必须满足食品和药物管理局对人体安全的监管要求，工作才能完成。做好准备工作的重要性再怎么强调也不为过，好的准备工作会使团队的生产力翻倍。道理非常简单。如果对要完成的工作不清楚，如果对质量标准不清楚，团队就需要花费大量时间试图弄清楚实际上要做什么工作，并且他们往往会发现自己无法开始工作，因为这项工作依赖于另一个团队正在进行的另一项工作。

冲刺结束时，团队和产品负责人会进行一次冲刺复查。冲刺复查是团队向利益相关者和客户展示他们做了什么，已经完成了哪些任务。说到完成，我所指的是真正完成，不是差不多完成，不是马马虎虎地完成，也不是某人很努力，希望得到表扬，而工作却没有完成。彻底完成才叫完成。团队和产品负责人会从在场的任何人那里得到反馈：我们喜欢这样，我们不喜欢那样，这个怎么样？既然我们已经看到了这一点，接下来我们真正想要的是……产品负责人使用这种反馈来重新确定产品待办事项的优先级，因为他们现在从真正的客户那里获得了关于客户实际想要什么的具体数据，而不是他们想当然地认为他们想要什么。

软件行业有一条古老的经验法则，叫作汉弗莱定律：人们只有看到自己不想要的东西，才知道自己想要什么。你可以让他们把自己的愿望写下来，他们甚至能写出几千页长的文档来，但是，只有看到真正可行的东西时，他们才会真正知道自己想要什么。从冲刺复查中会产生出一项潜在的可发布的产品。该产品可能太微不足道，不值得交付使用，或者可能在完成更多工作之前，它没有价值，但是这一小块工作，这一小部分，已经彻底完成，再也不用碰了。

冲刺复查的最终结果是衡量团队在冲刺期间完成了多少工作。创造价值的速度有多快，我们称之为团队速率，这是 Scrum 中的关键指标。我们想知道团队的速度有多快，我们是否能帮助他们走得更快，帮助他们加速。

审视历史时，你会惊奇地发现，那些在当时看似无关紧要的小事件，往往会成为未来转折的支点。正如谚语所言："就因为丢了一颗钉子，居然亡了一个国家。"第一个冲刺复查就相当于事关王国成败的一颗钉子。

当年，第一个 Scrum 团队在处理一些技术上的难题，因为没有可交付的客户，自然也就请不到客户来观察他们在做什么。于是家父在麻省理工学院内部和外围招募了一些技术专家，请他们来视察。专家们一点都不留情面，他们质疑团队的技能，指出根本性缺陷、设想的错误等。整个团队险些被彻底摧毁。有人告诉我，那天很不容易，视察结束时，团队只想把头埋在桌子上，宣告投降。团队成员看着杰夫，告诉他，无论如何也不想遭二茬儿罪了，他们会崩溃的。

"好吧，"父亲说，"你们现在有两种选择，要么做平平常常的软件开发团队，可有可无，要么做伟大的软件开发团队，不可或缺。我不能强迫你们做后一种选择，选择权在你们自己手里。"

那一刻，那七个人的决定改变了世界。你之所以能够读到这本书，世界上数以百万计的人现在之所以能够有更好的工作方式，全都有赖于此。可以说，那一天，那一刻，那些人，取得了成功。历史上，这样的成功时刻并不多见。Scrum 就此诞生了。

"好吧，"他们说，"再试一次。"

剩下的就是众所周知的历史了。

Scrum 中的最后一项活动是冲刺回顾，是对团队合作方式进行检查。冲刺复查关注冲刺构建了什么或者提供了什么服务，冲刺回顾关注冲刺是如何完成的。产品负责人、Scrum 主管和团队成员坐下来，努力弄清楚哪些工作进展顺利，哪些可以做得更好，以及团队想要在工作方式上做出哪些改变，以便在下一次冲刺中做得更好更快。接下来，下一个冲刺就开始了。同样的流程不断重复。

就是这样，这就是Scrum。我将用这本书的其余部分来讲述这个简单的框架是如何改变世界，如何让组织适应并利用不断加快的变化速度，来拯救你的公司、你的职业生涯，甚至你的生活的。

现实世界永远在变

我将举两个简单的例子，来说明Scrum在实际情况中是如何工作的，以回答我经常被问到的问题："当然，Scrum听起来很棒，但是在真实世界中怎么样？"我暂时不考虑问题中炮制出来的有关存在一个"真实世界"的奇怪假设。让我先带你去明尼苏达州明尼阿波利斯市经常被积雪覆盖的街道，去见一个叫汤姆·奥尔德的家伙。汤姆做翻新二手房屋的买卖，但他使用Scrum工作法翻新房屋。

工作以常规的方式开始：汤姆首先确定一所房子要转手，购房价格通常在8万到10万美元之间。然后组建团队，团队由合约人组成——通常包括两个总承包商、一个电工、一个水管工和一个木工。这些人都可以选择为其他任何人工作，但是他们选择和汤姆一起工作。

汤姆和团队成员进入房间，彻查房屋状况，讨论需要做些什么才能把房子卖出去，也就是说，大家共同建立了一个待办事项清单。他们把任务分为"待办事项""在办事项"和"完成事项"三类，用便利贴制成待办事项清单，分为三栏，贴在墙上（Scrum 使用彩色便利贴，以不同颜色的贴纸区别任务类别），然后团队讨论针对每一个项目需要做哪些工作（比如拆墙或地板抛光），并就如何将待办事项从"待办事项"一栏移到"完成事项"一栏达成一致意见。明确了任务，明确了需要付出多少努力，意见统一之后，他们便开始工作。

他们把工作分成 6 次冲刺，每次冲刺持续 1 周。首先，通常是拆除工作，然后，他们平均花 2 次冲刺完成电气、管道和结构方面的工作，再花 2 次冲刺完成特定的改进，最后 1 次冲刺做收尾工作。每周他们聚集一次，计划冲刺所要做的工作，就每个任务如何才算"完成"达成一致，然后开始工作。每一天，整个团队都会查看待办事项，以团队的形式决定如何处理这些工作，以实现本周的目标。当然，他们各有专长，但他们知道，团队成功，则他们成功；团队失败，则他们失败。一周结束时，汤姆会出现，团队进行冲刺复查。他们一起在屋子里走一遍，就什么工作完成了，什么没有完成，以及这个冲刺的工作将如何影响下一个冲刺的待办事项达成一致意见。也许他们拆掉了一堵墙，发现他们原本认为很容易做的事其实很难做——也许是浣熊家庭在墙里搭了个窝，也许线路不符合规定，诸如此类的情况在装修房子时并不少见。只要他们完成所做的工作，汤姆就支付给他们一周的报酬。建筑承包商通常要到整个项目完成后才会得到报酬，甚至项目完成了，客户也迟迟不肯付款，但汤姆坚持按所交付工作的增量价值分批付款。

冲刺复查既着眼于实际完成的工作，也影响他们在项目的其余部分能够完成的工作。汤姆已经安排好预算，如果开销看起来比预计的要贵，团队可能会决定缩小工程规模。也许餐厅里需要装新护墙板，装上会很漂亮，但现在办不到了。团队能够根据实际发生的情况做出实时调整，而不是盲目地遵循可能导致成本膨胀的计划。

每周，在冲刺复查之后，他们都会坐下来谈谈是如何合作的。下星期电工和木匠怎么能一起工作得更好呢？有没有更好的方法来处理某项工作中不可避免的依赖关系？依赖关系是指你必须等候某人或某物，然后才能继续前进。比如，我们得等家得宝家居连锁店把配件送来，或者他必须完成他的工作，之后我才能开始我的工作。他们利用每周掌握的信息，对现场情况做出反应，调整将要做的事情，对特定项目的工作流程做出反应，改变自己的工作方式。一般来说，只要是房子，就都很相似，但具体到每一座房子，每次的工作又总有些不同。

汤姆的角色是产品负责人，有很多职责。他要挑选最有利可图的房子转手，根据商业价值来考虑优先装修事宜：他们要么重做浴室，要么敲掉厨房，他需要决定选择哪一项改造更有价值。每天，工作日结束时，汤姆都要查看工作进度，只有他能够把某项任务移到"完成事项"栏。因此，他可以反复做出调整以增加收益。他的团队成员所看重的是工作透明度高，工程无须返工，能够定期按时获得报酬。团队成员不愁找不到工作，但他们经常选择和汤姆一起工作，不是因为他们所做的工作有什么特别之处，而是因为他们乐于接受汤姆组织工作的方式。

让我强调一下减少返工的重要性。有时，在房屋改造中，付出的时间成本和材料成本都是非常昂贵的，比如修复工艺复杂的古董木器，需要技艺精湛的工匠和昂贵的木材。但是，通过一点点做，比如，只做一部分精致的地脚线，展示给客户，只须投入少量的时间和金钱。如果顾客看后说，你知道，我原本坚持要橡木的，但现在我看了不满意，我想要红木的，这时返工就不是什么大问题。倘若一整层地板都是用一种方式做的，然后顾客坚持要换一种，那麻烦就大了。"渐近"的方法可以减少变卦的成本，你可以依据环境的变化而做出调整（比如拆墙拆出一窝需要安置的浣熊来），你可以迅速得到客户的反馈，并做出响应。

我们知道工作任务是会改变的。我们知道顾客一旦看到什么，可能就会改变主意（别忘了汉弗莱定律）。变化是必然的，Scrum 不但不抵触变化，反而欣然接纳变化。在大型项目中，有些公司会建立整个组织来抵制变化。遇有变更请求，他们会召集变更控制委员会，来负责限制变化。我们知道，事情总是会改变的，所以他们所做的基本上就是付钱给员工，以确保顾客得不到想要的东西。

要么做大，要么回家

我再举一个规模更大，但过程完全相同的例子。让我们以美国 3M 公司为例。3M 公司生产各种产品，从便利贴、呼吸器、车道标记胶带、汽车窗膜、牙科设备到医疗软件，五花八门。2017 年，3M 公司的收入超过 300 亿美元，经营的业务遍及全球各地。你今天肯定用过 3M 公司的产品。

2017 年 3 月，我在明尼苏达州首府圣保罗为来自 3M 公司各个部门的员工举办了几次培训班。班上有一个很突出的学员，名叫马克·安德森，是一位经理。他不方便确切地告诉我他在做什么，但问我 Scrum 是否曾经被用于并购。我很诚实地告诉他，就我所知，Scrum 未曾被用于并购，但我也看不出 Scrum 为何不能用于并购。

几周后，我看到了下面这篇新闻稿：

> 3M 公司（纽约证券交易所代码：MMM）今天宣布，已与江森自控公司达成最终协议，收购其旗下的斯科特安防公司，收购总价为 20 亿美元。斯科特安防公司是一家创新产品的主要制造商，产品包括自给式呼吸器（SCBA）系统、气体和火焰探测仪，以及其他安全设备，3M 公司可以以此完善个人安全的产品组合。

我再次见到马克时，对他说："20 亿美元是一大笔钱。"他表示，3M公司成立于100多年前，此次并购是公司历史上的第二大收购，他刚刚被委以重任，负责整合。我笑着说："不要有压力哟。"然后他告诉我他打算尝试用Scrum工作法来做，如果可以的话，会在事后告诉我进展如何。

如果以前从未这样做过，整合一项收购是很困难的，更不用说规模如此之大的收购了，它需要顾及运营、销售、工资和人力资源、流程、营销、财务、研发等方方面面的问题。根据我的经验，最棘手的部分往往是文化——将具有自身企业文化的收购项目纳入新母舰的文化。当两个集团都有自己强大的文化时，文化融合尤其具有挑战性。3M公司具有世代传承的悠久历史，拥有卓越的工程文化。它的产品与人们的生活息息相关。自消费者第一次使用其产品时起，公司必须保证其产品每一次使用都能正常工作。斯科特安防公司也有类似的精神风气，呼吸保护装置、热传感器和其他消防设备必须在第一次使用时就正常工作，并且要保证每一次使用它都能正常工作。

马克在2017年底给我打电话，告诉我，他们不仅做到了，还说他们如果用传统的方式做这件事，情况会完全不同。传统的项目管理方式被Scrum人员称为瀑布模式。在瀑布模式中，人们甚至在开始之前就试图规划出整个项目，绘制出项目示意图。他们收集所有可能的需求，其数量有时会达到数千个。我见过一些需求文档，打印出来后有几英尺厚。每个人都怀着错觉，彼此会意，签字确认，以示他们实际上已经阅读了所有内容。然后，项目管理团队将工作划分为阶段，逐步执行。他们说，我们要做这一部分，需要两周时间。他们在所谓的甘特图的顶部画一条横杠。接下来我们做下一阶段，需要两个月时间。他们会在第一条横杠的右下方再画一条横杠。依此类推，不断画下去，最终形成了美丽的瀑布。这个用颜色来编码的图表可以持续数月，甚至数年。我见过不少数英尺高、数米长的图表，简直堪称艺术品，极其绚丽。但这些图表总是错的，无一例外。因为一切都无法按计划进行，历来如此。总会出问题。一出问题，横杠就要发生移动。计划之事无法准时履行，项目延迟。所以图表是错误的，但是图表是不能错的。于是，他们就聘用人员来让图表看起来更真实，以此应对现实发生的变化。这是一种基本的人性缺陷：如果我能认真思考这个问题，我就能消除所有的错误。这是一种控制的幻觉。

马克说："Scrum 允许我们改变策略，边做边学，在过程中抓住机会。"他说，关键是对出现的不可避免的变化，包括风险和机遇，迅速做出反应并承担责任。

那么，他们是怎么做到的呢？他们做的第一件事就是把需要完成的事情放在一起，形成待办事项清单。下一步，考虑执行工作需要利用哪些领域的专家。为此，他们组建了一个跨职能的产品负责人团队，产品负责人拥有财务、研发、销售、市场营销、人力资源等方面的技能。这个团队需要协调所有需要整合的事项，以便使斯科特安防公司成为 3M 公司的一部分。

每个产品负责人都有一个团队，或者团队的下属团队。尽管马克说他们 Scrum 的水平并不完美，实际上只有信息技术和研发部门能够一路向下全面施行，但高层的协调是至关重要的。最重要的是什么？是产品负责人不断地聚集在一起，协调工作、共享知识、相互寻求帮助，并在新信息可用时重新确定待办事项的优先级。例如，如果财务部门需要关于工资的数据，这一需要就会进入产品待办事项综合清单，每个团队都会知道他们需要交付什么来完成这部分工作。

6个月，他们只有6个月的时间。因此，每个人都列出了自己最重要的头等大事，然后经过团队协同，形成最重要的待办事项清单，个人再从中抽取自己需要完成的每周待办事项。

他们会执行为期一周的冲刺。每周三，他们都会检查待办事项，确定下周工作的优先顺序，估算他们认为可以在冲刺中完成的每项工作的工作量，然后开始工作。他们没有完全按照我提出的方式来执行Scrum：他们每周开3次会议，每次15分钟，并不是每天都进行Scrum。所以他们会在周五举行每日立会，然后在周一碰面沟通。然后每个周三，在计划下一周之前，他们会检查自己实际完成了多少工作，而不是仅仅满足于先前口头承诺的工作量。

马克说，执行Scrum产生的冲击力是巨大的。首先增加了透明度：努力的状态在任何时候都是明晰的，事情的进展一目了然，因为醒目的布告板在不断实时播送信息。他还说，他们只要专注于加快速度，结果就真的加快了速度。而老是盼着能够完成多少任务是没有用的。

他说，他们也有问题。他们没有严格地进行冲刺回顾，他们认为如果严格执行冲刺回顾的话，还可以做得更好。但透明度的提高能够揭示哪里存在问题，这在一定程度上弥补了冲刺回顾的不足。

结果如何？第一天，所有经理都到位了，每个员工都有地方报到。财务部门已经整装待发，没有人们预言的种种困惑和混乱，一切都有迹可循，清晰可见。公司运作在全球同时启动，正确的标志已经到位，人力资源政策也很明确。虽说对这样规模庞大的整合而言，问题犬牙交错，复杂至极，但是两家公司成功地把环环相扣的部分精确地结合起来了。3M公司以不断创新而自豪，他们不仅在产品上进行创新，还在运营方式上进行创新。据我所知，这是Scrum第一次被用于完成价值数十亿美元的企业合并，而且成功了。

马克补充的一件事令我印象深刻。在整合公司的后期，他们发现，如果能迅速采取行动，可以抓住三个市场机会，这些机会将立即产生积极的财务影响。为此，他们放弃了原本的计划，根据最新了解到的信息，采取了行动，改变了正在做的事情。

3M是一家以合作为荣的公司。我听说这家公司用各种方式践行Scrum，因为敏捷思维符合其公司文化。正如3M公司的员工会告诉你的那样，Scrum促进敏捷思维。

变化永远在变化

不管你是在炒二手房，还是在整合一项数十亿美元的并购，凭借 Scrum 的力量，都能降低改弦易辙的成本。人人都知道会有变化。唯一的问题是，要抗拒变化，还是要驾驭变化？

斯坦迪什集团报告说，在所有的项目中，67% 的要求在开发过程中发生了变化。为什么？因为人会边做边学。我们建造一些东西时会发现，一些看似很重要的东西其实并不重要。我们了解到，虽然客户说了一件事，甚至签署了一堆要求，但他们真的不明就里，不了解市场在变，世界在变。

你在开始职业生涯时并不是以不能交付人们需求的东西为目标的，没人希望这样。我们都希望创造出很棒的东西，奇妙的服务，了不起的产品，令人惊异的新事物。我们受过良好的教育，有对未来的梦想，我们建立一个系统来保护我们的梦想，保护我们的自尊心和名誉，但我们对未来的梦想是错误的，错误的梦想只会给我们带来一个无所作为的世界。我们转动命运之轮，努力实现梦想，可就是弄不出拿得出手的东西。我们使组织僵化，因此不可能生产出拿得出手的东西来。我们建文件、搞研究、绘图表、设专门小组，试图证明我们是一贯正确的。

但我们做不到一贯正确，我们从来都无法一贯正确。随着我们对自己、对自己的能力、对客户、对世界越来越了解，我们不得不不断修正我们的看法。

关键是要确保改变快速、容易、有趣。如果不是这样，说明你做得不对。

回　顾

记住汉弗莱定律。不要违背汉弗莱定律，要学会驾驭它。既然人们只有在看到自己不想要什么之后，才知道想要什么，你所要做的，就是迅速得到反馈，迅速调整工作进程。

谎言和"瀑布模式"。降低风险，增加成功的机会——这是传统项目管理手段或曰"瀑布式"体系的承诺。问题是这种模式不起作用，提前计划好每一个细节忽略了一个不可避免的事实，即总会有意想不到的情况发生，总是这样。你最后一次看到正确的甘特图是什么时候？

Scrum 的 3—5—3 要素。3—5—3 指的是 3 种角色、5 种活动、3 种工具。Scrum 只分 3 种角色：产品负责人、Scrum 主管和团队成员；5 种活动：冲刺计划、冲刺、每日立会、冲刺复查和冲刺回顾；3 种工具：产品待办事项清单、冲刺任务清单和每个冲刺后团队交付的产品增量。Scrum 虽然并不复杂，但执行时务必要遵守纪律。

待办事项清单

✔ 开始在你的工作场所执行 Scrum 的 3—5—3 要素。

✔ 谁来划分优先顺序?

✔ 谁来指导?

✔ 谁来干活儿?

✔ 建立产品待办事项清单。

✔ 计划你的第一次冲刺。

✔ 开始冲刺!

✔ 每天开会协调并重新计划。

✔ 在冲刺结束时彻底完成一些工作。

✔ 反思什么做得很好,什么可以做得更好,并决定下次如何做得更好。

✔ 重复这一流程。

3

每次延迟决策，
都在增加失败的可能性

能在1个小时内快速做出决定的项目，58%都获得了成功。如果花超过5个小时来做决定，成功率就几乎为零。决策拖延越久，代价就越高。Scrum的关键经验是，让最接近工作的人来做决定，速战速决。

你突然遇到一个问题——你刚刚发现了它。

它可以是任何情况。比如，你在建造东西时，意识到设计需要调整；或在计划工作时，遇到未曾预料到的情况，需要你立即做出反应。我应该马上做那件紧急的事情，还是把紧急的事情放一放，去做那些非常重要的、以后会非常有价值的事情？

这就像德怀特·艾森豪威尔著名的决策象限，根据重要性和紧迫性对事情进行排序：

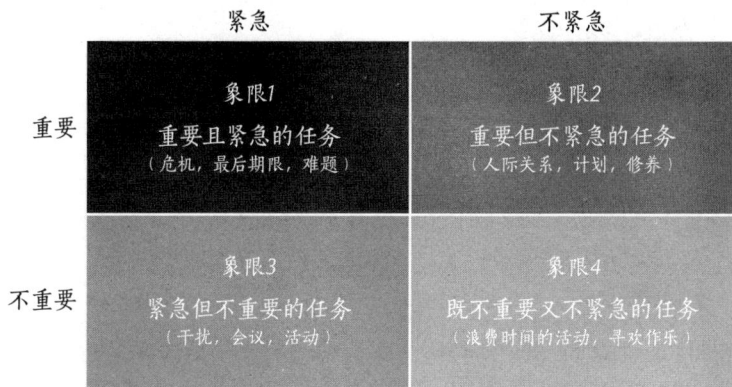

	紧急	不紧急
重要	**象限1** 重要且紧急的任务 （危机，最后期限，难题）	**象限2** 重要但不紧急的任务 （人际关系，计划，修养）
不重要	**象限3** 紧急但不重要的任务 （干扰，会议，活动）	**象限4** 既不重要又不紧急的任务 （浪费时间的活动，寻欢作乐）

假设你被困住了，你必须决定新遇到的棘手问题属于哪个象限。你需要与谁核实？要等委员会开会吗？是不是每个人的日程表都排得满满的，今天，或者明天，甚至后天，都没办法做出决定？如此延误的代价是什么？

决策延迟

斯坦迪什集团的创始人兼董事长吉姆·约翰逊几年前就开始对决策延迟问题产生兴趣。斯坦迪什集团通过访谈、分组座谈会和问卷调查等方式，对项目如何在全球运行进行初步研究。他们从 1985 年就开始在这么做，研究了数以万计的项目。他们定期发布问题报告，其中包含说明项目成功或失败原因的各种各样令人着迷的数据。全球采用 Scrum 的项目成功率如下图所示：

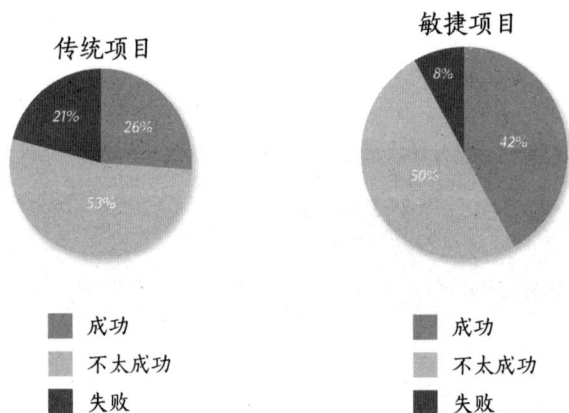

比较而言，敏捷项目的平均成功率为42%，而传统项目的平均成功率为26%。

Scrum 是大多数敏捷项目的实现方式。与传统项目相比，敏捷项目失败的可能性不到一半，但成功概率要高得多。这是切切实实、有据可查的数字。

但是我们要清楚：并不是每个敏捷项目都有很好的结果。吉姆和 Scrum 公司的同事一直在研究为什么有 50% 的敏捷项目仍然面临挑战、延迟、预算超支或让客户不满意等问题。

项目失败的根本原因是什么？是什么使 Scrum 项目比传统项目更有可能成功？几年前，吉姆在采访马萨诸塞州采购处处长时，突然想到了这个问题。

"处长给我讲了自己亲历的事情，"吉姆说，"那位处长以前在波士顿市政厅工作过。他谈到一种情况，当时有个项目，他们必须得到副市长的批准，才能推进这一项目。他们有 60 个承包商在等待副市长的批示，60 个人在 6 个星期内都无法行动，做一个决定需要花 6 周时间。"

吉姆很是惊愕，认为这一定是一种反常现象。所以他开始给自己的研究加上一个问题："你做决定的速度有多快？"对许多有问题的项目进行深入研究之后，吉姆意识到决策延迟并不是反常现象，而是普遍现象。在失败的项目中，人们总是当断不断。吉姆发现，真正不可思议的是，所涉及的决定多数时候并不特别复杂，也不特别困难，通常都是司空见惯的日常决策，但决定愣是做不出来。

自从就决策速度问题开始提问之后，吉姆一次又一次地碰到当断不断的问题，于是他便开始进行基准测试——实际测量人们在知道必须做出决定的情况下，需要多长时间才能做出决定。因为在任何项目中，都要做很多决定。

"结果如何呢？"吉姆说，"数据显示，对于一个项目而言，平均每花费1000美元，就要做一个决定。对于一个百万美元的项目，需要做出上千个决定。"决定拖延越久，代价就越高，成本呈现快速累加的趋势。这要归因于爱因斯坦广义相对论的奇妙推论：时间不仅和空间是同一回事，和金钱也是同一回事。因此，吉姆提出一个衡量标准，用来衡量从明确需要做出决定到做出决定需要多长时间，他称之为"决策延迟"标准，然后将其与项目成功的可能性进行比较。他研究了全球数百个项目，得出了什么结果？情况比你想象的还要糟。

决策延迟1小时

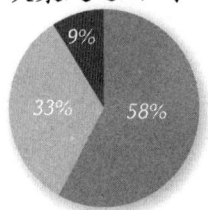

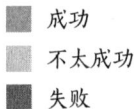

9%
33%
58%

■ 成功
■ 不太成功
■ 失败

决策延迟5小时

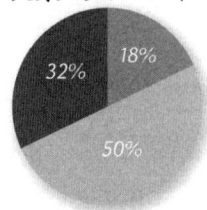

32%
18%
50%

■ 成功
■ 不太成功
■ 失败

2013—2017 斯坦迪什集团

图表显示了数百个项目的最终结果。对于可以在 1 个小时内快速做出决定的项目，58% 都获得了成功（按预算准时完成）。如果花超过 5 个小时来做决定，成功的概率就会直线下降：只有18% 的项目能成功。5 个小时不是很长的时间。

因为结论触目惊心，吉姆花了一年的时间才决定发表研究成果。慎重起见，在成果出版之前，他还到商学院和研讨会上做了演讲。

"听众的反应特别有趣，"吉姆回忆道，"一开始他们说，'这不可能是真的。这不可能是根本原因。'然后他们考虑再三，改变了看法，对我说，'你可能真正参透了其中的奥秘。'"

最关键的问题是：大部分决定都是简单琐碎的。但如果企业行事死板，等级森严，决策必须沿着审批链层层上报，然后再层层下发，那么决策过程就会耗时良久。

我们与一家大型全球汽车公司有过合作，他们使用的是一种通用的日式审批制度，叫作"禀议"（ringi[1]）。其目的是就应该做出什么决定在管理层中达成共识。有人拿出提议后，该提议就会在决策链中的每个人中间流通；等每个人都同意，最后经过高层领导签字同意，决定就做出了。禀议制的理念是，你必须在幕后默默工作，以建立共识，为一项提案创造肥沃的土壤。日本人把

1 Ringi 来自日语"稟議"，特指在公司里对于要审批的事项，不举行会议，仅由具审批权的上司或相关人员以书面形式予以审批通过。这个词常被译为集体决策（collective decision making），或分享决策。

这个叫作"根回し"（nemawashi[1]），字面的意思是"修根"，即准备移植树木时，围绕树根开挖。

让我讲一个故事，来说明稟议制这种运作方式如何令人沮丧。假设你在美国的一家汽车工厂工作，想花钱买点东西，比如为工厂添置一台新设备。尽管在年度预算中已经为新设备拨过款，但你还得提交一份书面"稟议"，也就是必须写一份详细的、有说服力的商业案例来说明为什么要花这笔钱，还必须包括所有的会计数据：要花多少钱，钱从哪里来，流向谁。再说一遍，同样要提交书面文件，然后还要提交环境评估报告，明确这台机器将使用多少电，可能会产生什么排放影响。所有这些都要写在纸上，这叠纸就是"稟议"。

然后，"稟议"必须得到批准。首先报送规划中心，一个工程师告诉我："规划中心必须对'稟议'进行审查，核实一大堆我们不明所以的东西。"审查后，规划中心要么将其打回，要求修改，要么予以批准。

一旦核准，就必须走签字程序，别忘了，整个流程都是以书面形式进行的。首先，需要由申请者的经理签署，然后由高级经理签署，然后是集团经理、总经理，可能副总裁也要签署。然后经理、高级经理、集团经理、总经理再度签字确认，分管规划中

1　基本意思是修根、整根（移植树木时，提前一两年从根部周围挖开，切断除主要根之外的旁根，使须根先充分生长）。引申意义是事先疏通，底下打招呼。事前向相关人说明意图、情况等，以取得某种程度的理解。在管理学中，在决定某些事情的时候，为了避免混乱而事先取得大家的同意，这种手段被称为"根回し"。

心副总裁也必须签字。由于是在制造厂工作，可能还得让负责安全生产的总经理签字。

就这还不算完。下一步，所有签过名的文件必须走财务流程，通过同样的审批链。如果新设备涉及信息技术部，信息系统总经理和分管副总裁的办公桌上也必须出现这些文件。如果决策足够重大，全套"禀议"文件可能还要呈送集团总部，再次经过层层审批。

与我交谈的那位工程师只是要做一个小的项目，花费在四五十万美元，却需要35位负责人用钢笔在同一张纸上弄出35个签字（这还不算极端，有时一份文件需要50人签名）。这需要4～5个月的时间，甚至可能需要更长的时间——长得多的时间。没办法，他们现在所做的是创建一种"禀议"前的"禀议"，以便提前得到一些钱，来启动汽车开发（请注意，这笔钱已经被列入预算）。

他们组建了一个团队，其任务是使整个过程实现最低限度的自动化。自然，他们使用的是 Scrum。他们的目标是什么？摆脱繁文缛节。在无数的反馈回路中流转文件，可以说是非常缓慢的。他们还将使规划中心所做的一些检查实现自动化。

这将带来两个好处。第一，自动化将使过程清晰可见。现在的问题是，没有人知道文件传到了谁的办公桌上，所以也没有人掌握整个过程的进展情况。是差不多签完了，还是签了一半？是不是因为我们不知道的原因，被某人耽搁了？第二，照目前的情况看，如果你想复制一份几年前的"禀议"，因为你要做的事情与那份"禀议"请求做的事是一样的，你就必须找到提起"禀议"的人，并希望他们存有纸质副本，然后从那里复制。他们可能存有纸质副本，也可能没有。通过数字化，至少可以回头看看已经被批准的"禀议"并复制下来。

所有这些层面，所有这些审批链，往往导致错误的人最终做出特定的决定。有不同类型的决定：有些是技术上的，有些是业务上的，有些是人事上的。虽然有些决定很重要，但也有一些并不重要。不同类型的决定应该由不同类型的人做出，需要由最了解情况的人根据既定情境做出决定。

"Scrum 之所以如此简洁，是因为可以将决策下放到团队层面，"吉姆说，"在 Scrum 中，只有两个决策者，产品负责人和团队。因此，需要由利益相关者或主管做出的决策较少。"

这是关键。只有真正拥有最多知识、最了解情况的人，才应该做决定。这样才能速战速决。如果做一个决定要花 5 个多小时，那么这几乎是一个肯定的信号，表明你必须把它送上审批链。

1 个小时。这就是目标，就是做出决定需要的时间。等待委员会做出决定无异于与命运女神订立自杀协议。那么，该如何缩短决策时间呢？

衡量会议的成本

假定你需要做一个决定，所以你决定开个会。假设召集 20

个人参加会议，要花 1 个小时才能做出决定。你不妨扪心自问：做出这个决定要花多少钱？单单是时间成本，单单是这 1 小时所消耗的金钱。现在想想，你每周要参加多少毫无意义的会议。

我的一个朋友曾经在一所常春藤盟校工作。他告诉我，有时甚至直到走进会场时，他都不知道要开的是什么会。即使他知道开的是什么会，会议也一直没完没了地开下去。在此不妨做些数学运算。我们估算，每次会议大约花费 1000 美元。这位朋友每周至少要去开 10～15 次会，加起来要花费多少时间成本？

然而，真正的问题甚至更糟：在会议中做出的决定很可能被推翻。根据斯坦迪什的数据，有超过 40% 的会议决定被推翻。假设在会议上做出一个决定，假设离下次会议还有一周时间。在这一周内，开始执行第一个决定，但在下次会议上，每个人都改变了主意，做出一项新决定。所以，不仅是浪费了一周时间，现在还不得不撤销刚刚完成的工作。这就像挖一个坑，挖了再填，劳而无功。

根据斯坦迪什集团的研究，出现这种情况的原因有两个：一是参加会议的人，一是没有参加会议的人。实际上，会议室做出来的决定往往是由会议室里嗓门儿最大的人做出的。他们犹如推土机，强力推压别人，以得到他们想要的决定。会议结束后，人们各回各的办公室，心中愤愤不平：哼，回头再想想，我不同意这个决定。我要在下周的会议上提出来。

还有那些没有参加会议的人。他们也许应该参加，却没能参加。无论如何，他们都觉得自己应该参加会议。为什么不征求他们的意见？好吧，他们肯定会在下次会议上露面，让众人听取他们的意见。

吉姆·约翰逊说，倘若一个项目每天失败一点点，每延迟一天，项目失败的可能性就增加一分。一天一天，慢慢走向灾难。

决定做哪些决定

实施 Scrum 是为了发现拖累你的问题。Scrum 能够揭露问题，把问题暴露于光天化日之下。当然，当问题在一个冲刺接着一个冲刺中不断出现，而团队也期望这些问题能够得到解决时，一些人就会开始说问题是 Scrum 造成的，并不在于问题本身。其实，问题始终是存在的。

问题在于，有各种各样的问题。而解决各种问题的办法并不在于那些坐在总部办公室中的管理层主管，而在于那些与客户直接接触的人——如果你愿意的话，也可以说解决问题的办法在于各个"节点"。通常，人们跻身管理层之后，地位升得越高，离第一线实际发生的事情就越远，同时也越相信自己对解决方案有最好的洞察力。

将决策层踢开的一个激进的例子是未来工业株式会社。未来工业株式会社生产电气安装设备——开关箱、电缆、导管之类的产品。与大多数日本公司不同的是，未来工业株式会社完全不搞"禀议"那一套，该公司的创始人是山田昭夫。山田长期担任公司首席执行官，直至2014年去世。山田认为"禀议制"极其荒唐，所以取缔了"禀议制"。他对员工们说，你认为怎么做最好，就怎么做；又说，让最接近工作的人来做。山田在其著作《员工最爱的幸福企业》中写道："我是个傻瓜，不这么做，叫我怎能做出判断呢？"在他自己的公司里，他经常是看到某某员工的新名片后，才了解到日本某地新开了销售办事处。员工们自己决定创建新办事处时，就会找一座大楼，在里面租一块地方，雇用和发展新员工。山田写道，如果他不允许员工通过这种方式做出自己的决定，员工将不得不花费大量精力说服领导，领导就不得不去做完全不熟悉的事情。

然而，在大多数公司里，领导们坚持要了解一切，掌控一切，做出最后的决定，从而导致对情况了解最少的人做出种种决定。因为担心得不到足够的信息，领导们就要求得到更多的信息，因而耽误系统的运行。然后，领导又开始担心自己可能会犯错误，于是就召开委员会会议来分散决策权。

就我所知，一家大银行成立了一个风险委员会，成员有40多人。银行的任何提案都必须得到这个委员会的批准。委员会召开没完没了、扼杀灵魂的电话会议，一讨论就是好几个小时。等到真正做出决定时，已经搞不清是谁提出的主意，也搞不清一开始想解决什么问题了。如果结果证明这是一个坏主意，也没有人会被追究责任。该银行曾经做出过一些草率的决定，结果被政府罚款数千万美元。设立风险委员会是为了保护该银行，管理层真心不希望再度发生失误，所以把一干要人统统派到风险委员会，告诉监管机构：

看，我们高层领导正在确保不再犯类似错误。然而，至此，风险委员会不仅阻止了做出糟糕的决定，而且完全阻止了做出任何决定，最终做出一个决定需要几个月时间。几十个人经过旷日持久的讨论，投入大量政治资本，最终做出一项决定，已经确保万无一失，它不可能是错误的决定。因为在这个问题上施加了如此多的行政智慧，出错是不可能的。可结果还是会出错。于是，他们得出结论：一定是那帮执行决定的讨厌鬼没有落实好。不幸的是，这种风险委员会在金融领域非常普遍。

最初定义非常简单的事项很快就会超出其初衷。委员会成员不是坏人，但他们建立决策控制系统为的是获得认同，这不仅会减缓事情的发展，而且几乎可以确保做出错误的决定。因为，几乎可以肯定的是，当他们终于做出决定的时候，时机已经错过。在做决定期间的几天或几周时间里，问题已经以某种方式得到解决。哪怕你选择不做决定，你还是做出了选择。

Scrum 在这里行不通

我经常从 Scrum 怀疑论者那里听到一种论调：Scrum 在这里行不通。我们做的事情太复杂，太不可预测，Scrum 这样给予团队自主权的系统难以做到。我实在搞不明白他们为什么相信传统的项目管理方式可以处理他们独特的项目，搞不明白他们为什么对此深信不疑。我也搞不明白：为什么他们认为对于软件业来说，Scrum 可能很好，但是他们的领域超级复杂，比搞软件要困难得多，所以 Scrum 不适用。

我经常教授对公众开放的课程。令人难以置信的是，来听课的人所从事的专业五花八门，从银行家、制造商、出版商、生物制药生产商，到研究人员、服务提供商、教育工作者和非营利组织工作者，形形色色，几乎无所不包。学生们的行业、专业知识和角色的多样性令人惊叹。

但是，如果你是怀疑论者中的一员，我想和你分享一个人的经验，他在一个（可能）比你试图完成的任务风险更高、变化更快、错误空间更小的领域中实现了 Scrum。

几年前，美国海军指挥官乔恩·哈斯打电话给我，说不久前接手了一个代号为 EODMU2 的部队，即第二爆炸物处理机动中队，他想在部队中实施 Scrum，想在地球上最苛刻的环境中，以更快的速度、更高的质量前进。

爆炸物处理中队是美国特种部队中最小的军种，人数只有数千。但他们必须能够在地球上任何环境下与任何其他部队一起合作，任务是摧毁一切可能爆炸的东西，使之失效，从地雷和炮弹，到简易爆炸装置。他们能够在陆地工作，也能够在水下工作，甚至可以使世界上最致命的武器，那些装有核、化学或生物载荷的武器，变得安全。他们也执行其他机密任务，恕我在此不便言明。

乔恩决定用 Scrum 来管理他指挥的这支三军中要求最为苛刻的部队。鉴于乔恩的工作性质，很少有人能采访到像乔恩这样的人。

尽管如此，我还是向乔恩提了12个问题，关于Scrum和他的工作内容。他被允许通过电子邮件回答其中的9个问题。我不想把话塞进他的嘴里，所以我将分享一下从他那里收到的电子邮件。

乔恩的回应以如下免责声明开头：

以下内容仅代表作者本人的观点，不代表海军远征作战司令部、海军部、国防部和美国政府的观点。

问：你第一次听说Scrum是什么时候？

我第一次听说Scrum是在我准备当指挥官的时候。我联系了一些导师，整理出一份阅读清单，内容涵盖从领导力、管理手段到沟通技巧、情商等多个主题。正是通过这个过程，我找到了Scrum。看到Scrum后，我决心通过阅读《敏捷革命》来深入学习。大约两年前，我开始了学习敏捷性和Scrum的旅程。

问：是什么促使你在爆炸物处理中队实施Scrum的？

我们尽可能地去尝试，而不是做决定。做实验要具有一定的必要条件。首先，成本必须低，风险必须极低。实验在性质上也必须是暂时的，即使证明是不成功的，也必须是可逆的。最后，必须有可以监测的度量标准，以查看实验是否达到预期结果。

Scrum满足了所有这些需求。

开始Scrum不需要花钱；实施Scrum的风险很低；Scrum实验是暂时的，如果不成功，可以很容易掉转枪头；Scrum还包含了速率（Velocity）等指标来评估其有效性。通过度量每周的工作效率，可以跟踪每周的生产率，由此可知团队速率。

问：Scrum 的结构是什么样的？你是怎么设置的？

我们规划了 Scrum 的结构，使之与 Scrum 的角色、活动和工具一致。Scrum 主管由主任参谋担任，产品负责人由指挥官担任，而 Scrum 团队则由剩下的关键参谋人员构成。随着我们对司令部每个成员所支持的产品和服务的理解不断完善，小组的组成也随之发生调整。

问：产生了什么样的直接效果？

团队速率从每天提高 4 个点开始，稳步增长到每天提高 50 个点。其直接效果是改善沟通、优先顺序、成就任务。

问：影响最大的因素是什么？为什么？

影响最大的因素是确定所有活动的目标和议程。虽然许多活动反映了军事生活中的习惯行为，但我们缺乏通过实施 Scrum 所获得的目标和议程的清晰度。

时间定量（Timeboxing）也成为我们日常生活中必不可少的一部分。

时间定量和理解每个项目的目标对我们如此重要的原因是，我们可以在每次团队会面时，对照共同的、被充分理解的、深思熟虑的目标来衡量我们的效率。这使我们能够更加专注，进而促使我们能够完成更有意义的工作。

问：你能举个例子说明可以用 Scrum 做一些以前不能做的事情吗？

作为一名领导者，我能更加适应自己的行为对团队的影响。通过严格的冲刺回顾，我知道我的行为是如何影响团队幸福感的。

举个例子。在一个冲刺中，我督促团队完成一个特定的目标，这个目标与我们进入该冲刺时的优先事项不一致。在冲刺回顾会上，我征求团队的意见，并得到了我的行为是如何导致团队幸福感急剧下降的真实反馈。如果没有 Scrum，团队就不会有向我提交反馈的机制，我也永远不会知道我行为的结果。

问：遇到了什么困难？你需要修改什么吗？

很难说服团队，让每个成员都相信所有的项目都需要进行冲刺。虽然人们广泛接受了每日立会，但有人对我们在会议上花费了大量时间进行待办事项清单改进和回顾表示不理解。逐渐地，随着团队开始理解这些事情的影响，比如拥有一个干净的、准备好的待办事项清单，或者在冲刺回顾会议上获得有关团队幸福感的数据反馈并征求团队持续改进的建议，团队对这些事情更加认可，更为接受。

问：在整个冲刺过程中，你是如何以及在哪里执行每一个项目的？

冲刺从星期一早上开始，我们在每周的协同化会议上会见所有的排。这使我们能够征求指挥部内所有小组的反馈。

在此之后，我们进入了制订冲刺计划阶段，将刚刚收到的信息纳入冲刺计划中。冲刺计划完成后，我们进入每日立会，讨论如何工作。这些都是在我们的会议室里完成的。

我们在同一个会议室使用团队展示板进行每日立会，指挥部中的任何人都可以看到这个展示板。周三下午，我们在团队展示板前开会，对待办事项进行优化梳理，包括讨论和确定要优先完成的工作。周五，我们召集全体水手，向他们介绍我们所完成的工作。这是我们的冲刺复查，下午，我们在团队展示板前集合团队进行冲刺回顾。

问：你离开后，Scrum 还会继续吗？

未来不可预知，但是基础已经打好，基础设施已经存在，可以确保 Scrum 在我任期结束后继续存在。

现在，回想一下刚刚读到的内容。去掉偶尔提到的军职和水手等内容，把注意力集中在要点上。这不是一个军事案例，这是 Scrum 在复杂、困难和不可预测环境中工作的一个例子。

哈斯指挥官和他的队伍向来技艺精湛，积极上进。作为特种部队，他们可以说是毋庸置疑的佼佼者中的佼佼者。然而，实施 Scrum 之后，哈斯和他的团队发现，在 18 个月的时间里，生产率从每天提高 4 个点增长到每天提高到 50 个点，实现了 1250% 的增长。

尽管他们所做的工作涉及高科技，但这不是一个软件初创企业的故事，甚至也不是一个产品开发团队的故事。在某种程度上，他们相当于一家服务公司，提供高度专业化、危险和致命的服务。自从我和乔恩一起工作以来，一直有源源不断的海军特种兵来上我的课。这些人尤其关注结果，对于不能让他们更快、更有效的事情一概零容忍。

作为一名前记者，我知道抱有怀疑精神是有益的。但怀疑精神必须与接受证据相平衡，否则，怀疑精神就会适得其反，甚至具有破坏性。怀疑精神一旦成了害怕改变的伪装，就尤其有害。

把规则控制在最低限度

20 世纪 80 年代初，在密歇根大学的所在地安娜堡，有一位名叫克里斯托弗·兰顿的研究生，此人着迷于在计算机中建立生命模型，开始研究他所谓的元胞自动机（Cellular Automata）。

元胞自动机是网格上的细胞，其状态根据一组规则随时间变化。每个细胞都在其他细胞的邻域中，其他细胞的状态会影响它们。最简单的邻域就是细胞间的相互接触。规则可以很简单：例如，如果我旁边的单元格是打开的，我也打开。更复杂的情况是，如果我的两个邻居是开着的，一个邻居是关闭的，我就关闭。

这很快就会变得非常复杂。数学太过难懂，在此还是免谈为妙。兰顿所做的是根据规则集是否引起很大的变化，来对规则集进行分类。他将度量标准称为 λ。λ 值越高，规则集引起的变化就越多。λ 值越低，驱动的变化就越少。元胞自动机的有趣之处恰在于此。如果 λ 值过低，整个系统很快就会冻结和静止。如果 λ 值过高，系统则会陷于混乱。但是，在惰性和无序两种状态之间存在一个相变。规则不能太严格，太严格会使系统瘫痪；规则也不能太宽松，太宽松会使系统无序。必须有刚刚好的结构，不多不少，正好处于要混乱还没有混乱的边缘。

事实证明，这种混沌边缘学说不仅在数学和计算方面很有趣，还可以描述很多不同的事物。它所描述的对象被称为自适应系统。在自适应系统中，只有系统运行起来，你才能看到结果。即使你完全了解系统的每个部分，也只有当这些部分开始相互影响时，你才会从中看到显露出的属性来。此前，你无法预测这些属性会是什么。

我父亲说，自适应系统就是推动 Scrum 诞生的顿悟。他读到兰顿的论文时，正在一家银行管理一个大型瀑布项目。兰顿的论述使他明白了为什么他的项目拖延了好几年，而且超出预算数千万美元。兰顿从混乱的边缘看到了数字生活中最高的进化速度——这正是 Scrum 的设计初衷。

以交通为例。每天早上，地球上的人们，彼此之间没有经过什么讨论，便一跃而上，开着数亿辆汽车，在上班的路上奔驰。你就是其中一员。咖啡在手，你就成了交通系统的一部分。可能出了事故，有人减速，想看一看究竟。然后，后面的人再慢一点，然后是下一个人，很快就产生了涟漪效应，导致整条高速公路交通堵塞。你决定脱离困境，离开高速公路，开到当地街道上。但你并不是唯一产生这种想法的人，很快，车辆就在住宅区的街道上狂奔，堵塞街道。所以你试着走另一条路，发现如果沿着小巷开车，穿过杂货店的停车场，可以绕过拥堵。既成秩序就是这样，需要通过个人行动寻求解决方案。

不仅仅是元胞自动机以复杂的自适应方式行动，经济、生态、神经系统、团队，甚至是社会本身均以复杂的自适应方式行动。倘若规则太严格，则什么都无法改变，文化僵化，一事无成，最终，结构崩溃。但如果规则太松散，就会陷入混沌，街头骚乱，人人为己，社会完全丧失凝聚力。

混沌边缘是发生有趣变化的地方，最好能把结构的状态刚好控制在混沌边缘，驾驭它。这样，创造力就会开花结果，创意得以产生和应用。这样既有表达自由，但也有对表达自由的控制。

这种系统的另一个奇怪之处是，微小的变化可以以非线性、动态的方式放大。换言之，如果改变一件事，整个系统都会改变。这使得单个元素能够自发地、动态地解决问题。这也使得在过程一开始无法确定接下来会发生什么，尽管最后的结果可能看起来很明显，给人的感觉是事情本来就应该是这样的。以美国革命为例。今天看来，殖民地起义、丢弃英国人、建立美利坚合众国，似乎都是不可避免的。但阅读当时的资料就会发现，没有人知道会发生革命，也没有真正的革命计划，直到事情赶到那里，殖民地的居民才知道发生了什么，其成功可谓侥幸。

我想起了亚瑟·韦尔斯利是如何谈到滑铁卢战役的。滑铁卢战役一劳永逸地结束了拿破仑时代，韦尔斯利称之为"你一生中见过的最接近功亏一篑的胜利"。他在一封信中这样描述滑铁卢战役：

> 一场战役的历史，就像一场舞会的历史一样。有些人可以回忆起所有的小事件，而这些小事件的重大结果是战争的胜利或失败，但没有人能回忆起这些事件发生的顺序或确切的时间，而这些事件的价值和重要性却因此而大不相同。

事后，一切似乎都显而易见。然而，没有人能真正回忆起所有当时起过作用的个体力量。可能就是因为一个人的一次行动，因为在某一时刻，做了正确的事情，结果一切都变了。我发现，在一个有时个人行为似乎没有影响的时代，如果恰到好处地触动既成秩序，一个人就可以改变一切。这一发现让我欢欣鼓舞。

传统管理层对复杂问题的常见反应是建立更多的控制机制和更多的规则，以控制混乱；更多的红绿灯和更多的摄像头，从而使整个体系的齿轮停止转动，决定根本无法做出。

Scrum 试图给人们一个工具，来管理各种类型的系统。Scrum 不是试图限制系统，而是构建适度的结构和适度的规则。它并不是刻舟求剑，而属于精益化管理。每个人，都能贡献自己的价值。

一家全球性石油公司请我们与他们的一些团队合作，从而决定他们在哪里钻新井。他们有一套精密的阶段门系统，它需要大量的监督、大批的文档和许许多多的会议，工程师们必须通过这一系统工作。Scrum 公司的教练到达那里后，把团队变成 Scrum 团队，我们告诉管理层：不要再告诉他们该做什么。相反，要成为他们的导师。每个团队成员都是一个单独的行动者，大家一起工作，以实现共同目标，即交付新油井。给他们行动的自由！当然，团队确实需要拿出一些文件和数据来，进行正确的研究，但是他们弄清楚了需要什么来做出钻探的决定。我们让他们做的就是谈论他们在每个阶段实际生产的东西，并把结果挂在墙上，使每个人都能看到。然后，通过忽略传统的步骤，转而专注于可交付的成果，他们就可以确定工作的优先级：他们可以看到团队如何协同工作，如何以增量的方式交付成果。他们对阶段门系统进行限制，并将其转化为可执行的待办事项清单。

在 Scrum 中，团队中的每个人都贡献自己的感想、创意和洞察力，从而塑造整体。在传统结构中，这些想法被系统所压制。系统指挥一切，限制一切，组织越来越繁复。整个体系越拖越慢，齿轮最终停止转动。

Scrum 绕开传统管理结构，关注并利用不确定性和复杂的系统动力学。Scrum 不是通过将决策集中在一个地方来实现的，而是通过将决策转移到各个"节点"上来实现的，是通过将决策转移到团队和产品所有者来实现的，学问在"节点"上。因此，通过转移决策，事情实际上可以不用等待就完成了。Scrum 是一个有目的的复杂系统。或者用兰顿的话来说，是具有确定性的混沌。

完美是良好的敌人

无论做什么决定，真正的答案只会从系统中各个元素的相互作用中产生。在此不妨再引用艾森豪威尔的话，以资佐证：

> 计划毫无价值，但规划就是一切。二者的区别非常大，当你为紧急情况做计划时，必须从这一点开始："紧急情况"的定义就是情况出乎意料，因此它不会按计划发生。

但是人们喜欢计划（尤其是他们自己的计划），于是就制订出很多计划。人们想要完美的计划，于是就需要更多的报告和数据来帮助其做出正确的决定。然而，这不可避免地需要越来越长的时间。结果，非但做出决定的目标无法实现，做出决定的过程反而成了目标。经过三番五次的研究、听证、辩论，实际上劳而无功，一无所成。决策的过程可能会持续很久，这取决于决策的性质，因为每个人都想要完美的计划，以为只要掌握足够的信息，就可以使之完美。

然而，完美的计划是不存在的，因为系统是动态的，不可能预知其结果。人们唯一能做的就是尝试些什么，并得到反馈。有行动总比没有行动好，不要犹豫不决，行动起来。在某种程度上，做什么并不重要；重要的是为了学习和进步，要有所行动，有所做才能有所作为。

Scrum 所做的就是给你一个快速的反馈，让你知道一个决定是好是坏。Scrum 允许你转向，改变主意，寻找一条不同的道路，朝着目标前进。每一个快速的决定都会为下一个决定提供情报。道路从实践中产生。

1999 年，在 IBM 公司工作的戴夫·斯诺登想出一种看待问题的方法，帮助领导者了解其面临的是什么样的问题，应该寻找什么样的解决方案。斯诺登称这种方法为 Cynefin 框架。Cynefin 一词来自威尔士语，意思是"暂栖地""立足之地"。斯诺登用这个词为自己的理论命名，是因为他认为想解决问题，首先必须弄清楚自己的立足点。

在斯诺登的框架中，第一类问题是简单问题，或者说明显问题。简单问题是一种已经解决了的问题，实际上它一直存在最佳的有效解决方法，一旦能确定问题很简单，就可以从魔术袋中拿出一个已知的秘诀来运用。如果你在打扑克，千万不要把牌亮给对手，就像银行不应该向资产负债率不明之人放贷。在简单的问题中，因果关系不仅清晰，而且显而易见。

第二类问题是困难问题。困难问题是一种已知方法的未解难题。以石油公司为例：当地质学家进行地震勘测以了解在哪里可以开采石油时，他们知道自己不知道答案，但知道如何找到答案。这是专家的职责领域。一旦确定了问题可以解决，就可以找出解决方案，尽管解决起来可能很棘手。如果掌握足够的知识，就可以找出因果关系。我把汽车开进维修店时，总会想到这个。汽车发出一种奇怪的声音，我很担心。我不知道如何解决这个问题，但我知道技工要么知道如何解决这个问题，要么能够弄明白问题的所在并想办法解决。

第三类问题是复杂问题。复杂问题是我们一直在讨论的问题，只有在事后才能弄清楚事情发生的原因。解决这类问题，必须采取一些行动。在再次行动之前，需要做一些尝试，来看看会发生什么。

复杂问题是我们大多数人都要面对的问题。我们始终面对复杂问题，答案不得而知，各种力量也不得而知，但我们必须做点什么。做点什么之后，接下来发生的事情会让你大吃一惊。

让我讲讲 Twitch 公司的故事。可能有人对 Twitch 公司不明所以，在此不妨做一番简单说明。它是一家电子游戏直播平台，若不是事后诸葛亮，很少有人会觉察到它是一款爆品。Twitch 公司获得了不可思议的成功。2014 年，亚马逊以 9.7 亿美元的价格收购了 Twitch。

Twitch 公司第一个产品的创意是什么？是与谷歌邮箱（Gmail）集成的日历。当然，之后谷歌自己推出了谷歌日历，无奈，Twitch 公司只好决定进入直播领域。其中一位公司创始人开始直播自己的所有生活，他头戴摄像头，背装有电脑的大背包，每周7 天，每天 24 小时，不间断地进行直播。他们建立了极快的直播平台，可供很多人同时直播。但事实证明，没有人愿意看他们直播。于是，他们脑洞大开，想出个点子来——人们会不会希望直播自己？这个创意在当时的市场上也没能行得通。雪上加霜的是，他们的资金即将耗尽。后来，他们注意到很多人喜欢看人们打电子游戏的直播。他们虽然觉得不可思议，但还是跟进了，结果发现有一批狂热的粉丝和娱乐游戏玩家想观看顶级选手的比赛。顶级选手可以通过游戏直播赚很多钱。

这是一个极端的例子，满足了一种无人知晓的需求。今天，我们在商业、政治和社会上所面临的问题都很棘手，我们常常根本没有解决之道，甚至不知道如何寻找解决之道。

所以你需要做的是尝试做些什么，看看会发生什么。参照结果，微调正在做的事情。然后再尝试，再微调，如此反复，让解决方案出现。这就是 Scrum：在短时间内进行一系列小实验，以找到解决复杂问题的方法。

赛尼芬框架中的最后一类问题是混沌问题，即危机。正如艾森豪威尔所言，紧急情况是无法制订计划的。应对紧急情况所需要的是领导层迅速而确定的行动。假设发生了海啸，或者石油钻井平台爆炸，或者股市崩盘，首先要做的是迅速采取行动，并开始采取步骤来描述问题，界定问题的极限，使其脱离混乱，成为复杂问题。举个例子，我在阿拉伯的某一天晚上，一群人决定冲进议会大厦，或者类似的地方。总之，数万人抱成一团，向议会大门猛冲过来。我被裹挟进人群中间。突然，尖叫声从一边传来，人群一下子变得混乱不堪，人们四处乱窜，不知如何是好，一个个单一的个体瞬间转化成山呼海啸的群氓。

我当时正和一个年轻的美国学生站在中间，我雇了她做阿拉伯语翻译。我告诉过她，现在我也会告诉你，在骚乱中该怎么办。首先，不要恐慌，这一点怎么强调都不为过。盲目的恐惧会招致踩踏，乃至丢了性命。其次，找不容易被撞倒的东西，一定要牢固，如路灯柱之类的，靠近它。奇怪的是，人群会像河流遇到石头一样，从你身边分开。这样，你就把混乱问题化解成了复杂问题。深呼吸，冷静一下，找出逃生路线，你自由了。倘若你像众人一样，裹在人群中，如同尸体般被抛来甩去，你就只能听天由命了。但是，假如你能摆脱噪声和恐惧，你就可以开始想出一个计划来。

这里，速度很重要。推迟做出决定只会使问题恶化。通过快速迭代——尝试，观察反应，再尝试——最终可以成功地控制危机。在当下，这种试错法会让人感到恐怖。但这也是一种机会。当人们试图弄清楚如何在前一天不存在的环境中工作时，新的做事方式就会出现。

不要等待，要行动

2001 年 9 月 11 日上午，肯尼斯·霍尔顿和副手迈克尔·伯顿还是市政府内部一个鲜为人知的官僚机构——设计与建设局的领导，负责监督街道修缮、图书馆和法院的建造合同，他们的工作职责在纽约这座庞大城市中是微不足道的细枝末节。那个致命的周二早上，飞机撞上世贸中心后，没有人知道该怎么办。纽约市大肆宣传的应急管理办公室也没有采取行动。霍尔顿和伯顿所知道的是，必须向世贸中心现场提供大量设备和专业知识，以便开始在残骸中进行挖掘，寻找幸存者，清理巨量瓦砾。

他们只是在几个小时前才开始思考，并没有宏大的战略。虽然救援工作原本不是他们的分内之事，他们还是开始给以前签过合同的建筑公司打电话。当天晚上，他们设法接了电，装上电灯，以便在黑暗中继续营救工作。他们绕过所有正常的规则和程序，选择了四家认识的建筑公司开始作业。

起初，警察和消防部门抵制他们。但二人一直在做决定：搜查这栋楼安全吗？大致安全。通常，这种灾难是由联邦应急管理局和陆军工程兵团联合来处理的。但这一次，联邦机构询问情况时，却被告知有哪些工作正在进行中——并被告知不要插手此事。伯顿没有征求任何人的许可。

他们效率极高，完成了大量工作。项目工程庞大，他们的协调却十分出色。市长鲁道夫·朱利安尼为之折服，他告诉其他市政机构，即那些本该负责的机构，退后，让设计与建设局来掌控大局。他们在一家幼儿园的教室里建立了指挥中心，正如威廉·兰吉埃斯切在其杰作《美国土地：重建世界贸易中心》中描述的那样：

> 没有人有时间衡量如何做出选择、如何制订计划。需要的是行动，纯粹的行动。由于需要明确的沟通，伯顿在幼儿园的一间教室里召开大型会议，每天两次。这是一种简单、低技术含量的管理系统，却特别适合应对室外的大灾难。伯顿的推理像往常一样清晰，他说："对我来说，能够控制局势的唯一办法是让

所有人都来这里。没有时间分发备忘录，也没有时间
等待指挥系统逐级传达命令。每个人都要听到问题是
什么，就必须做出决定，每个人都必须亲耳听到这些
决定。必须确保每个人都朝着同一个方向前进。"

迈克尔·伯顿后来被称为"世贸中心沙皇"。他定义、促成
并协调了 3000 人在不到一年的时间里清除了 150 万吨瓦砾、灰
烬和钢铁。行动，纯粹的行动，是把混乱局面拉回到复杂局面所
必需的。

这里的关键经验是，在几乎每一种情况下，首先要弄清楚你
所处的环境，然后开始尝试，看看你是不是真的在你所认为的地
方。要做决定，不要等待。拖拖拉拉者会被事件压倒，采取行动
者则能抓住自己创造的机会。

授权给适合的决策者

大多数人甚至不考虑时间因素，不明白每一刻都十分宝贵，
一旦失去，就无法找回。他们没有意识到，每次等待，都在增加
失败或拖延的可能性。如果你只能做一件事，就一件，一定要确
保这件事是和所有需要做决定的人进行每日立会。像聚在一起
讨论这样简单的事情，会大大降低决策延迟。通过授权团队和产
品负责人去做决定，你自己就不必亲自做决定，你不必做的决定

越多，决策过程就越快。这是一件简单的事情，但你的机构将开始成为一个让最了解问题的人决定如何解决问题的组织。

不妨再举一个拿破仑的例子：拿破仑的大军像波浪一样横扫欧洲，取得一个又一个胜利，短短几年就征服了整个欧洲大陆。当时，当某部队的士兵看到敌人时，一般的规则是不交战，而是上报给司令部，请示该怎么办。拿破仑用两条简单的规则改变了这一切。第一，见到敌人就开枪。第二，驰援枪响之处！这两条规则允许数万法国军队自发地迅速将全部兵力投入战争，而无须征得任何人的许可或指示。一支部队开火，附近的部队也会冲过来开火，就像野火一样蔓延开来，越来越多的法国军队向需要的地方开火。这两条规则永远地改变了战争。

不要等待，要行动！

回　顾

不要等着做决定。1 个小时。这就是目标。1 小时就是做出决定所需要的速度，等待委员会做出决定无异于与命运女神订立自杀协议。如果做一个决定要花 5 个小时以上，这几乎肯定是一个信号，表明你必须把决定送上审批链进行审批。

授权给适合的决策者。这是关键。只有真正最有学问、最了解情况的人才应该做出决定，这样才能做得快。解决问题的办法不在于管理层的领导，而在于管理层之外的节点上那些与客户直接接触的人。

把规则控制在最低限度。若规则过于死板，则改变无从发生，文化僵化，一无所成。若能将组织的状态刚好控制在混沌边缘，则会发生意想不到的变化。

用简单驾驭复杂。简单的规则产生复杂的适应行为。复杂的规则只会给简单、愚蠢的行为留下空间。Scrum 的结构恰如其分，规则不多不少，看似混乱，实则明晰。Scrum 反对僵化，重在精益化管理。

待办事项清单

✔ 下次要开会做决定时，为会议计时，计算会议成本。包括与会者的工资成本，计算有多少时间被浪费在等待做出决定上。

✔ 思考你或你的组织最近一次面临的危机。行动能再快一点吗？或者，你对组织的迅速行动和反应感到惊讶吗？下次你如何改变决策过程？

✔ 要得到想要的结果，你能做的绝对最小值是多少？你能停止做什么？

✔ 想象一下你每天都要处理的复杂的流程。如果你关注的是价值而不是过程，将会是什么样子？

4

不要把忙碌和完成
混为一谈

30%的工作从一开始就根本不应该做！人们拒绝
给工作排优先顺序，每个人都忙忙碌碌，却无
法交出实际工作成果，浪费了巨大的生产力。
一次只做一件事，就一件，去完成真正需要完
成的事情，不做任何无用功。

Confirmation.com 公司是一家为解决每年数千小时和数百万吨纸张的浪费问题而创建的互联网审计平台。他们把一个缓慢、痛苦、艰难的人工审计过程，变成了电子化的审批流程，又快又容易。

他们意识到财务欺诈不会消失，他们所做的是通过由会计师事务所、金融机构、律师事务所和公司组成的庞大全球网络来确认财务数据，以便发现真相。这就是公司创始人布莱恩·福克斯将"帮助好人抓住坏人"作为座右铭的原因。

我只举一个例子。百富勤金融集团的创始人兼董事长拉塞尔·瓦森多夫，多年来骗取投资者逾 2 亿美元。瓦森多夫是怎么做到的？他用 PS 稍加图像处理，能够以假乱真的银行对账单就造好了。当百富勤被迫开始使用 Confirmation.com 审计平台时，造假这一套就搞不下去了。几天后，欺诈行为大白于天下。瓦森多夫因其罪行而锒铛入狱，目前还有数十年的刑期。

100 多年来，银行函证过程都是在纸上完成的。审计师会通过邮件向银行发出函证请求：被审计机构是否真有这么多钱？银行每年不仅会收到这一请求，还会收到成千上万甚至数十万别的请求。银行必须建立多个团队来处理审计请求。每一个函证请求都需要人工核对银行记录，写一封确认该机构有那么多钱的信，然后邮寄回去。信函需要纸张，大量纸张。这样的请求每年都有成千上万，每办结一项业务都要花费好几周时间。

Confirmation.com 审计平台能让这一切繁杂的工作瞬间完成。当有人发出函证请求时，Confirmation.com 将该请求定向到其网络中数千家联网银行中的一家，获得响应，并将其传回审计师。因为要移动这些敏感金融数据，所以安全性至关重要。让金融机构、会计师事务所、律师事务所及其共同客户信任 Confirmation.com 系统是公司创建之初最困难的工作。

近 20 年前，Confirmation.com 公司率先提出了电子确认的理念，并先后获得 7 项相关专利。目前，公司仍然在这个领域遥遥领先。电子确认事业开始于田纳西州纳什维尔市的一家银行和一家会计师事务所。目前，其业务遍及 160 个国家，有 1.6 万家会计师事务所、4000 家银行和 5000 家律师事务所使用他们的平台，公司每年确认超过 1 万亿美元的资产。

布莱恩在商学院读书时萌发了电子确认的构想，并将此创意写成创业论文。公司在 2000 年成立，一开始只有 4 个人，如同在车库里通过手工制造产品。电子确认是前无古人的新事物。最终，大银行开始意识到电子确认将节省大量的工作，大大加快工作速度，并最终表示将只接受通过 Confirmation.com 网上平台的审计请求，不再接受书面请求。Confirmation.com 公司迅速发展，开始在平台上增加新的功能和新的确认类型，比如法律文书的确认。

但后来公司遇到了问题：一方面做事的速度不够快，无法按时完成任务，频频耽误工期；一方面代码质量达不到此类平台严格的要求。公司当然冒不起这样的风险，只得投入更多的时间，努力把事情做好。哦，公司要求大家努力工作，每个人都非常忙碌。一位主管告诉我们，他必须让每个人都忙个不停，希望大家能有所作为，但如果大家做不到，他至少可以说他努力过。但公司依旧没有能拿得出手的东西。每个人都很忙，但没能完成多少工作，所以他们打电话联系了我们。

这在企业中是相当典型的问题。有些项目——不管是什么项目——必须完成。管理层或销售人员或诸如此类的人说某事是当务之急。接着，又有别人说其他事情也是当务之急。再接着，又有别人带来另一项当务之急。当然，这些人都坚持认为他们自己的首要任务是每个人都应该关注的事情。但是，这些人之间却没有互相沟通。他们只是不断地下达任务，强行把任务往队伍里塞。这是公司里司空见惯的事，同时，也是令人震惊的事。可以预测，随着任务的增加，队伍不堪重负，工作陷入停滞，任务无法完成。于是管理层开始给团队施压，想让员工忙个不停，做很多很多同为头等大事的事情，强迫员工在晚上和周末加班，以赶在管理层随意向别人承诺的最后期限前完工，一旦无法完成工期，就感到困惑。

事实是顽固的

优先（Priority）是一个古老的字眼，源于拉丁语，于 14 世纪晚期进入法语，表示此事发生于彼事之前，表示更早的状态。这个词在 15 世纪初期进入英语，指权力或地位的优先性。（顺便说一句，priority 是个单数单词。说某事是"最高优先"属于用词累赘，最高和优先两个词表达的是一件事。另一个语言花絮是：priority 一词的拉丁语原词没有复数形式，所以英语单词 priority 的复数形式 priorities 实际上是荒谬的。从字面上讲，复数形式完全没有任何意义。就像是说一场比赛有 5 个第一名一样荒谬。）

Google Ngram 是一款特别的谷歌搜索引擎。该引擎通过查看过去几百年里成千上万册书籍，测算单词的使用频率。如果你用 Google Ngram 搜索 priorities 一词，会得到以下结果：

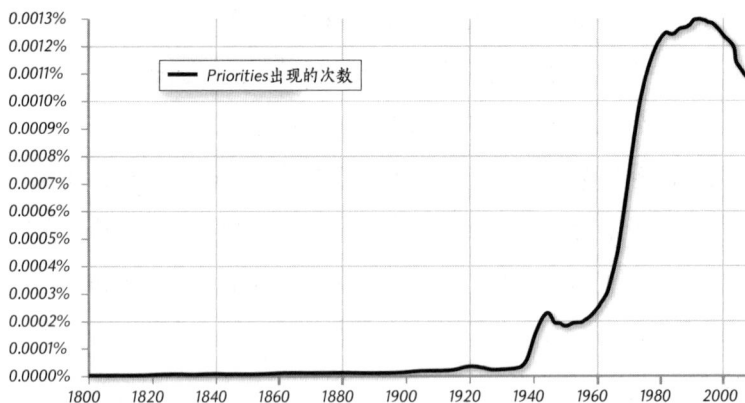

直到 1940 年，才有 priorities 这一说法。我对因果关系并不十分确定，但战后工业现代管理运动的兴起与 priorities 这一说法的诞生有一定关联。Priorities 这一说法看似逻辑严密，实则毫无意义，对我来说这一解释似乎很有道理。

停止开始，开始完成

当 Scrum 公司进入一家公司，评估该公司的敏捷程度时，我们通常会发现，大约 30% 已经完成的工作一开始根本就不应该做。这些工作实际上与企业的目标背道而驰，不要让这种情况在你的公司发生。斯坦迪什集团的数据显示，在剩下的 70% 未完成的工作中，64% 的人正在开发客户很少或从未使用过的功能。这一数据也与我们的发现吻合。这意味着公司里 75% 的人要么在积极地做与企业商业利益背道而驰的事情，要么在做没人需要的事情。总之，务必要充分理解这一点，即公司里有 75% 的人不应该做他们在做的事。

原因是人们拒绝给工作排优先顺序，或者不知道如何确定工作的优先顺序。不妨再来看一个语言学中似是而非的事实：prioritize（确定优先级）一词在 20 世纪 50 年代由政府官僚首次创造出来，并在 1972 年的总统竞选中流行起来，当时政客们不得不选择目标选区。在此之前，prioritize 都不是一个词。正如1982 年版《牛津英语词典》所言，prioritize 是"目前在语言中令人不安的一个词"。显然，该词在人们的实践中也令人不安。

以下是我们看到的症状。如果你听到或说出过下面这些话，你可能需要重新考虑你的方法是否得当：

"我们有多个相互冲突的优先事项。"

"我们的团队不断受到新的优先事项的干扰。"

"每一件事都是头等大事。"

人人都知道这些不是好事。与我交谈过的人中，没有一个人认为同时做 5 件事，甚至为了新的紧急事情而中断原有工作是一个好主意。没有一个人。我们都知道多头出击或让新工作扰乱手头工作很愚蠢。但无论如何，我们还是会这样做。每虑及此，我都痛心不已。

在 Confirmation.com 公司，每个人都有不同的优先事项。销售部门希望能有一名更称职的日文翻译，以便在日本打开销路；营销部门想重塑网站的品牌；而领导层则担心一个突然崛起的竞争对手。那么产品团队应该关注什么呢？"我时刻在等着听今天有什么新规则出台。"一位高管对 Scrum 公司负责此案的阿维·施奈尔说。当阿维问公司的首要任务是什么时，阿维被告知："赶工期。"注意，他们的首要任务不是需要完成什么，而仅仅是赶上最后期限。

所以阿维让他们解决公司真正的问题——排列优先事项。优先事项是什么？重中之重是什么？阿维帮助他们认识到，如果不确定优先事项，最终会使公司迷失方向，每天都朝着不同的方向前进。因此，他们做出了选择。选择优先事项是可以做到的，但需要进行诚实的反思，做出艰难的决定。

产出与结果

必须区分产出与结果。产出是团队在每个冲刺中生产多少东西，也就是团队的速率。当你开始使用 Scrum 时，你希望速率在几个月内翻一番，甚至增至 3 倍。要是不能把东西拿出去，所做的任何工作都相当于无意义的工作。退一万步说，哪怕是拿出错误的产出也是好的。专注于完成团队的工作并要有所产出，产出很可能是错误的。如果产出是错误的，你很快就会发现，从而避免白白耗资数百万美元，耗费数年的生命，才发现没有人想要你在做的东西。

但好消息是，一旦你认识到这一点，你就可以关注结果了。我们如何让顾客满意？如何拯救更多的生命？如何给世界带来价值？你需要回答这些问题，否则你的工作就会徒劳无益。你要做的就是把产出的东西拿到人们面前，让他们告诉你，他们喜欢什么，想要什么，需要什么。

做到这一点的诀窍，就是从那些从你所创造的东西中获得价值的人那里获得快速反馈，看看你所创造的东西对他们有多重要。在开始一个项目或产品时，你大致上可以猜测什么东西最有价值。这是一个凭借知识做出的猜测，有研究的支持，或者有类似的支持，但猜测终究只是猜测。如果要等上 6 个月才能知道猜测是否正确，那么，你是根据希望做计划，而不是根据数据来做计划。

Confirmation.com 公司最大的问题是公司的遗留系统。传统系统成功了，而且效果很好。但随着多年的发展，每当客户提出要求时，传统系统就需要修复这部分或者提升那部分的功能，新功能慢慢增加。每一点修改和增补都是在没有过多考虑整体组织架构的情况下附加上去的。遗留系统最终变成一个大大的烂摊子，修补旧错误耗时费力，甚至不如建立新系统取而代之划算。公司最终意识到，每个人虽然都忙得焦头烂额，但实际上并没有取得重大进展，他们无法有效地推出任何东西。通过确保人们忙于工作，他们仅仅是专注于产出，却没有着眼于结果。他们实际上需要一种新的、更现代化的系统，让他们能为顾客提供超乎想象的、满意的服务。但每个人都在力保旧系统，力保旧体系的一致性。换言之，每个人所确保的都是产出，而不是结果。

彻底完成才叫完成

完成任务的关键是预先定义完成的真正含义。团队从产品待办事项清单中选择一项任务时，应该知道就该项任务而言何谓完成。在定义"完成"时，必须知道任务和任务是紧密相连的。为什么？因为产品架构决定工作"完成"的难易程度。这一点非常关键。

让我举两个例子。一个来自硬件界，另一个来自软件界，但二者的思路完全相同。

有一家私人航天公司，请允许我叫他们隐形太空公司（Stealth Space Company），他们在 LinkedIn 页面上，在所有媒体报道中，一向如此自我称呼，他们不事张扬，却一再闯入每个人的脑海：我们不吹牛，我们不空谈，我们崇尚实干。他们的基地设在圣弗朗西斯科湾边缘的一个废弃的海军航空站。像这样的军事基地在不同地点、不同服役情况下确实有所差异，但都有一个共同点：重功能，轻过场，为追求功能架构不惜不讲道理，不达目的绝不妥协。

克里斯·坎普是隐形航天公司执行总裁。他一头金黄色的头发，衣着以黑 T 恤衫、黑色夹克和黑色裤子为主，口头禅是速度。他通过电子邮件宣布公司将进行首次发射尝试：

> 周日，我们将尝试发射一枚火箭。这枚火箭是由一支 18 个月前不存在的团队白手起家从头设计的。我们做这件事的速度史无前例，比以前快 5 倍，耗资却是以前的 1/5。这是一系列测试发射中的第一次，此次发射将允许我们在构建团队的过程中不断迭代，并将我们从每次尝试中学到的东西运用到下一次发射中。

克里斯·坎普瞄准的是埃隆·马斯克的太空探索技术公司（SpaceX），他将其视为一个不仅可以打败，而且可以彻底打败的目标，他以 1/5 的成本实现其 5 倍速度。他正在使用 Scrum 来做此事，目标是成为太空联邦快递公司，每天向低轨道发射小的有效载荷。军方需要在新的麻烦地区上空部署间谍卫星网？没有问题，保证 30 分钟后发射到位，无需 3 年。

与克里斯·坎普的员工交谈，可以感受到他们对成功的渴望。克里斯·坎普的一位领军人物的整个职业生涯都在从事太空事业，他先后在波音公司、维珍银河公司和太空探索技术公司工作过。这位领军人物说他的一些团队成员一度认为 Scrum 框架只适用于软件业。

"对我而言，Scrum 是完全陌生的，J.J.，"这位领军人物告诉我，"但我已经看到旧的做事方式有多糟糕。我告诉这些新工程师，他们不知道自己有多优秀，我会全力以赴。我也说得很清楚，他们也要一样，要么全力以赴，要么另谋高就。"

我在隐形太空公司了解到，火箭实际上由 3 个系统构成：一个系统是发动机，功能是把燃料转化为力；一个系统是航空电子设备，功能是指引火箭的前进方向；一个系统是结构体，功能是将所有东西固定在一起，相当于外包装。在火箭的第一次迭代中，无论是在系统内部，还是不同系统之间，所有部件都是紧密耦合的。这样做的原因是试图去掉一切多余的重量。为去掉一切多余的重量，每个接口都是订制的，使用的都是订制部件和订制连接器。只考虑重量因素，这么做有道理的。但是，要维护系统时，棘手的问题就来了。

举个简单的例子。在隐形太空公司的第一枚火箭中，航空电子系统是由一系列专门的电路板控制的，电路板相互连接，并与火箭整体连接，电路板的开关由极稀有的常温超导材料制成。如果一块电路板失效，就得把所有的电路板都拔出来，然后用这些非常昂贵的材料手工重做几百次连接。由于苹果和三星两个巨头吞下了全球的稀土材料库存储备，准备用于下一代手机生产，这些连接中使用的稀土元素一度从市场上销声匿迹，要等待 12 周时间才能得到添补。这则消息令坎普大为恼火，甚至发了牢骚："要花上 3 个月才能换一个开关？这种情况会害死我们的！"

我的同事乔·贾斯蒂斯和航空电子设备系统负责人伊森坐下来，讨论了这个问题。乔说，首先，所有这些电路板都使用了这些特殊的连接器，每一个都不同于上一个，每一个都承载着不同的信息。你需要化繁为简，用更好的设计取代它们。但如果你拔下一个，就会把其他连接器都弄断。所以让我们在航空电子设备和火箭的其他部分之间建立一个稳定的接口，重新设计它，以便使之能够携带各种数据，超出你的需要，但它一定是个普通的连接器，不需要订制，你花几分钱就可以买到。让我们制造一个我们知道不会改变的防火墙，将问题封在每一个电路板内部，确保负责火箭其他部分的工程师知道他们的系统只需要用这个连接器的一边连接到这个接口，而航空电子技术工程师知道他们只需要连接到另一边。这样你就可以在任何一边替代任何你想要替代的部件；只要接口保持不变，就不会出问题。你要做的就是把问题模块化，让它像乐高一样，可以很容易把碎片拼凑在一起，也可以很容易拆解。

借助于这种方法，定义完成就变简单了：完成的东西必须能起作用，并且必须与已知的稳定接口适配。在此基础上，就可以个个击破，一个一个地解决问题了。来自接口本身的额外重量不也是问题吗？一旦解决了其他问题，稍后可以对额外重量问题进行迭代处理。

现在，让我们从软件行业中举一个敏捷架构的例子，其模式完全一样。声破天（Spotify）是一家音乐流媒体服务公司。就像上述火箭公司的目标一样，声破天公司的目标是速度。当声破天还是一家初创公司时，其首席执行官丹尼尔·埃克曾对 Scrum 公司说："听着，苹果、谷歌和亚马逊都想扼杀我们。他们都是巨无霸公司，要智能有智能，要技术有技术。我们唯一的生存之道就是速度，我们必须比他们敏捷。"

因此，声破天公司就像一艘火箭飞船一样，被分成不同的模块。有播放器，有推荐引擎，有播放列表功能，有移动应用程序，等等。就像隐形太空公司一样，声破天在每个部件之间开发出稳定的接口。开发播放列表的工作团队可以随心所欲地创新，随心所欲地改变，只要播放列表仍然在合适的大小框内，有相同的数据格式来回传输，并且不破坏其他内容。这样，他们就可以高速运转，而不用担心破坏系统的其他部分。

他们不必通过改变整个系统来改变系统中的一部分，模块化接口为他们免去了巨大的麻烦。在许多系统中，各个部件之间的依赖性非常大，几乎不可能进行任何更改，而且开发速度慢得像爬行一样，因为工程师必须使用越来越多的工具来将越来越摇摇欲坠、越来越僵化的系统固定在一起。

无论创建或执行什么样的产品、服务或流程，大多数缺陷都是在系统的两个完美的部分集成在一起时出现的，要修复其中任何一个，必须将二者同时打破。这会让人精疲力竭。

确保每个冲刺都有清晰的待办事项

你有几十个项目，几百个优先事项。你十有八九告诉过自己，所有这一切都必须完成。面对如此局面，你会怎么办？

一如既往，第一步就是要承认你有问题存在。如果你的策略是荒谬地说一切都要优先处理，那么，实际上你真正说的是，你的策略将由公司中资历最浅的人来决定，而且那个最缺乏资历的人在决定下一步该做什么时，对于断定什么是真正的重中之重不会得到你的任何指导。

在运用 Scrum 时，第一件事是确保每个团队对于每个冲刺都有一个清晰有序的待办事项清单，并且理解他们被要求做的每件事的相对商业价值。这需要一种机制，将企业的大目标分解为团队可执行的任务。我将在后面的章节中深入介绍这种机制。

在 Confirmation.com 公司，阿维和另一位同事亚历克斯·谢夫让每个人坐在会议室里，把各自需要做的事都写下来，贴在墙上，与管理层合作，为团队创建一个清晰、有序的待办事项清单。阿维和亚历克斯说服管理层保持团队的稳定，而不是四处调动员工，然后将这一信息在整个机构中传达。管理层成为 Scrum 的后盾，并乐于完成这部分艰苦的工作。他们认真考虑要实现的待办事项清单，决定不做什么，以便完成真正需要完成的事情。

这是第一步，承认你不会马上把所有事情做完。有时候做选择会很困难，通常有很多利益冲突。但是，无论如何，必须做出选择。如果领导层无法就必做之事和做事顺序达成一致，下属团队就会不明所以，不知道该做什么

Confirmation.com 公司的领导层圆满完成了这方面的任务。他们重组了结构，改进了流程，确保每个团队在每个冲刺中都有一个干净的、按优先级排列的待办事项清单。这极大地改变了他们的行动能力。

拒绝的重要性

缺乏优先排序意愿的根本原因可以归结为不愿意拒绝。正如每个团队都有速率一样，每个组织也有速率，即单位时间内的创造量。对客户、对领导、对老板说"好的"很容易。您需要完成哪项工作？好的，没有问题——我们会把它加入我们不断扩充的待办事项清单中。这项任务真的很重要吗？好吧，那就加个塞儿，放进待办事项清单中，安排在顶部。然后又有人要求做另外一个项目。答案肯定又是"好的"——永远是"好的"，直到团队或组织因不堪重负而崩溃。

公司战略总是过于关注公司要做什么，却不关注公司不要做什么，不妨来举例说明。有一家全球性材料公司，该公司进行了大量的研究，将研究成果转化为规模化生产的日常用品，产品数以亿计。但他们遇到一个问题。公司每每耗费多年时间进行研发，好不容易用新型材料设计出一款新产品，但是，新产品一经推出，一群被称为"快速仿效者"的人就会迅速进行"山寨"，有时区区数月就能生产出山寨货。迫于形势，该公司必须不断推出新产品。

公司有一家下属研究院，尽管疲于奔命，仍然无法足够快地将新产品推向市场。他们有宏伟的创意，却无法将创意变为现实，于是，只得打电话给 Scrum 公司求助。2016 年初，一个名叫史蒂夫·道卡斯的温文尔雅的家伙走进这个部门的大楼，想看看能否有所作为。

史蒂夫把研究院领导层召集到一间会议室里，说："首先，我们谈谈大家在做什么，请大家把每一个项目都写在便利贴上，贴在墙上，方便观看。"

经过一刻钟的疯狂涂鸦，他们把项目贴在了墙上，总计有100 多项。

"好吧，"史蒂夫说，"为了好玩，请大家把姓名加到项目上，看看都有谁在研究什么项目。"

即使一个项目只有几个人，到了第 70 个项目左右，人手就不够用了。

"你们为什么要做这么多事情？"史蒂夫问。

史蒂夫得到的答案是，公司告诉他们要把更多的产品推向市场，所以他们必须同时做一系列的产品，才能迅速开始赚钱。

"这些工作实际上完成了吗？"

会议室里一时鸦雀无声。

我从幼儿的父母那里，从创业公司那里，乃至从财富500强公司那里，听到过无数类似的对话。他们必须完成的事多极了，所以他们开始了无数的项目，内容五花八门。在他们的脑海里，他们必须这么做，因为要做的事情实在太多了。这样他们也好报告成绩单："看看我们正在做的一切！我们太忙、太疯狂了！我们正在为所有这些重中之重的任务而努力。"

他们实际上正在做的是开始做一大堆事情，他们没在做的是完成所做的事情。问一家公司有多少工作正在执行状态时，他们还会自吹自擂，这让我很吃惊。他们似乎认为他们既然做了那么多工作，一定会给我留下深刻的印象。

当我们问他们工作取得什么成效时，他们立马没了那股神气劲儿，嘴角和眉梢开始下垂。

在会议室里，史蒂夫迫使大家承认，并不是所有工作都能完成。不仅不是所有的工作都能完成，他们如果继续沿着原先所走的路走下去，必将一事无成。

因此，他们围绕这100多个项目，开始艰难地选择不打算去做什么。他们希望实验室团队专注于什么？什么才能真正在市场上扭转乾坤？他们又是争得面红耳赤，又是四处游说，又是扼杀别人视为珍宝的项目。他们努力工作，做领导层真正必须做的事情，即做出选择。对另一个项目说"是"，太容易了；附和别人，按照别人坚持的创意去做，太容易了；避免进行艰难的对话，太容易了。不肯说"不"，太容易了。

他们终于将项目数量减少到12个。然后，史蒂夫让团队领导层把这12个项目做成一份明确的待办事项清单。清单不是极其详细，旨在传达高层"指挥官的意图"：不是规定团队如何完成这些项目，而是知会团队要做什么，明确为什么要这么做。下一步，12位将担任产品负责人的人站到几百位科学家的面前，展示各自负责的待办事项——想完成什么，其重要性如何，以及需要什么技能来完成此项任务。然后，产品负责人和其他管理层人员离开会议室，离开前他们告诉会场中的每个人，大家都很聪明——知道谁应该加入哪个团队来完成这12项目标。

30分钟后，产品负责人和其他管理层人员回到会议室。此时，所有的待办事项都有了一个或多个团队，只有一个项目除外。这个项目包括一些烦琐的政府合规文件更新，必须做，但没有人愿意做。最后，一个勇敢的人举手说：好吧，既然必须完成，就让我来做吧。让我们看看能够多快完成工作。

在10周内，他们的生产力翻了一番，发现了以前从未有过的创收机会，并攻克了团队前进中遇到的53个障碍。随着目标从产出（确保每个人都忙忙碌碌）转向结果（完成任务），一场结构性重组应运而生，结果是显著的。他们标准的开发周期是两年半，采用Scrum后，在6周内就有了2个新产品，而且有大客户马上就想购买他们的产品。这就是专注所能做的。他们从疲于应对100个无法完成的项目变成了拥有12个完成的项目。这12

个项目改变了研究院的命运，并影响了他们身价数十亿美元的母公司的股价。

专注于完成事情就会产生效果，该说不时就说"不"。

不要忙碌，要完成

人类的大脑确实不宜同时处理多项任务。举一个特别恰当的大脑日常处理多项任务的例子：边开车边打电话。这方面的研究清楚表明，开车时打电话的人，即使是那些使用免提模式的人，也比开车不打电话的人更容易出事故。根据美国国家公路交通安全管理局的数据，在任何给定的时刻，都有8%的司机边驾驶边打电话。考虑到这一比例，边开车边打电话的问题越发令人担忧。

这就是执行多重任务给我们带来的问题。在此不妨引用一下我最喜欢的一篇论文中论述这一问题的一句话：

即使参与者将目光投向驾驶环境中的物体，他们在打电话时也常常无法"看到"这些物体，因为他们的注意力已经从外部环境转移到了与电话交谈相关的内部认知语境中。

边驾驶边打电话的人实际上会"看到"一个物体，如将要追尾的汽车，或者将要撞上的大树，但驾驶员一时却视而不见。尽管如此，我们依旧无法杜绝边开车边打电话的危险行为。

每当你试图同时做不止一件事，你就会浪费大量的生产力，这就是所谓的环境切换损失。有研究表明，仅仅回复一封电子邮件，就足以让你的大脑偏离轨道达半个小时之久，半个小时之后你才能回到正确的头脑空间，回归正常的工作状态。

想想看：你读这本书的时候被打断了多少次？读这一章的时候呢？糟糕，是不是有人在你读这一页时给你发短信了？看完上一句话后你有没有找手机？你有没有去看在阅读本章时漏掉的信息？我们生活在一个期望我们对外界干扰立即做出反应的社会。如果你不立即回复邮件，或者耽搁了回复留言或短信，你就是在侮辱那个伸手撩拨你、想引起你注意的人。昨天有多少次，你停下和你面前的人正在做的事情，用电子方式去回复不在房间里的人？最后，在一天结束时，你开始做的事情还没有完成，但你还没有回复另一封非常重要的邮件，还有一件事情要做，非常重要，但你已经记不清是什么事了。然后你转向你本该做的工作，但你已经找不到思路，也忘记了工作进展到什么程度。哦，对了，是不是该去接孩子了？

实际上，很多关于这方面的研究也已表明，人确实不宜同时处理多项任务。让人处在功能性磁共振成像仪（fMRI）的监控之下，让他们同时做几件事，你会通过图像发现他们的大脑是无法有效应付这些任务的。但是，通过选择，通过说不，通过明确优先顺序，你可以改变命运。那家全球制造商做到了，Confirmation.com 公司做到了，隐形太空公司成功发射了第一枚火箭。在我们生活的这个瞬息万变的世界里，是有很多生存之道，甚至繁荣之道的。但悟道确实需要一些真知灼见，需要做出一些现实的选择。第一个问题：你是被恐惧控制还是被希望控制？我将在第 5 章中对此进行详述，如何抉择却取决于你本人。哪怕你认为事情已经失控，哪怕你相信作用在你和你的组织上的力量不可改变，哪怕你看到自己已经顾前不顾后地冲到悬崖边缘，一失足便粉身碎骨，你也要决定你要采取什么措施解决面临的问题。

解决问题并非易事。但正如你将看到的，恐惧是真正的精神杀手，而解药就是与之短兵相接。

回　顾

承认存在优先次序问题。如果你的策略是随便什么事都可以优先处理，那么，这实际上相当于随便什么人都能决定公司策略。做决定之人对什么是实际的重中之重缺乏了解，得不到任何指导，却决定下一步该做什么，如此作为，荒谬之至。

致力于完成。完成任务的关键是预先定义"完成"的真正含义。团队从产品待办事项清单中选择一项任务时，不但应该知道就该项任务而言何谓完成，而且要明确该部分任务是如何建立在其他部分任务之上的。你的产品架构决定你对完成的定义。

不要把忙碌和完成混为一谈。将时间的利用率作为度量指标使人们疲于奔命，但它不能实际交付任何东西。不要把注意力放在产出上，要把注意力放在效果上。

懂得拒绝的力量。公司战略通常过于关注公司要做什么，却忽略公司不要做什么。做，还是不做，这是个问题。必须做出抉择。

待办事项清单

✓ 写下你所有的优先事项，单列一栏，贴到墙上。根据价值、风险和费力程度对优先事项进行排序。但请记住，这是一个单列列表。如果你排出多个重中之重来，请重新排列优先级，务必排出先后顺序来。

✓ 你对"完成"的定义是什么？把它写下来。贴到墙上，确保每天都能看到。

✓ 想出三种更好地衡量结果和产出的方法。至少找一个人问问你的工作有什么效果或者你的工作量有多少。

✓ 你的产品架构是什么？是紧密耦合式的还是模块化的？在哪里可以插入一个已知的稳定接口，以使拆解一个部件不会破坏另一个部件？

5

任何组织中，
都会有人抗拒改变

人们害怕做出他们需要做出的改变，Scrum能提
供治愈恐惧的解药 —— 人与人之间亲密的关联。
紧密的氛围，让每个人联合起来、众志成城，
攻克任何艰难的目标，适应任何棘手的改变。

为什么人们的行为方式看起来略带疯狂，且偏偏不去长驱直入追求想要的结果，原因只有两个字：恐惧。在这个问题上，请相信我，因为我了解恐惧。我了解恐惧的曲线和特殊之处，了解恐惧粗糙的平面、辛辣的味道、颤抖的爱抚、黑暗的诱惑。

我成年后的大部分人生都在战区度过，为美国国家公共广播电台（NPR）当记者。人们发现后，不可避免地会问："交战地带记者的生活是什么样子的？"有好几年，我对这个问题十分反感。但我逐渐意识到，他们颇为真诚，其实只是想了解一下那种感觉，因为他们从来不曾身临其境，无从切身体验。我心中当然希望他们永远不要身临其境。我终于想出一个老套的答案：喧嚣极了，除了恐怖，还是恐怖。

人们害怕做出需要做出的改变

为了解释恐惧，我需要谈谈记忆。无论你经历了什么，你的经历都会在大脑中储存起来。不管你对此感觉如何，无论好坏，它都是由大脑深处的杏仁核控制的。这个过程没有任何认知功能参与，首先发生的是情绪反应。

记忆的奇怪之处在于，每当你回忆起某件事，你就会改变记忆本身。每一次记忆都是初次记忆，这是一种重要的生存机制。通过让新的记忆粉饰过去的记忆，我们就不再是第一次经历某件事时的自己了，我们会改变，会成长，会走出创伤。

2001年9月11日上午，伊丽莎白·菲尔普斯刚到办公室，第二架飞机就撞上了世贸中心。她从窗口亲眼目睹世贸双塔其中的一座轰然倒塌，像那天大多数人一样，她简直无法相信眼前的一切。她放下工作，整天观看美国有线电视新闻网的报道，她试图献血。和那天的很多人一样，她惊魂未定，想做点什么有益的事。

但菲尔普斯博士既非急救人员，亦非士兵，亦非记者。她是研究记忆的学者，对情感和记忆之间的联系尤其感兴趣。因此，她和全国各地的同事决定在9·11事件后立即调查人们的记忆。到9月18日，他们已经在曼哈顿各地设立了采访桌，还在全国范围内分发了数千份问卷。以下是一些抽样调查的问题：

1. 请描述一下你一开始是如何意识到美国遭到了恐怖袭击的。

2. 按照东部时间，你第一次意识到袭击发生是在什么时候？

3. 你最初是怎么知道的（信息来源是什么）？

4. 你当时在哪里？

5. 你当时在做什么？

6. 还有谁在场？

7. 第一次意识到袭击时，你有什么感觉？

问卷最后一个问题是询问调查对象对这些记忆的自信程度。

一年后，研究人员又做了一次调查，三年后又做了一次，然后是十年后。令人着迷的是，随着时间的推移，人们的记忆变得越来越不准确，但是对记忆的信心仍然很高。正如菲尔普斯博士告诉《科学美国人》杂志的那样：

看一下人们对 9·11 的记忆，几乎每个人都会说，"我知道我当时在哪里，和谁在一起"，等等。每个人都认为："哦，我永远不会忘记。"但我们从过去 30 年的大量研究中得到的答案是，人们的记忆不一定是正确的。你甚至无法说服人们相信他们自己的记忆是错误的。你只能说，数据表明你记错了。

我认为，与中性事件相比，对于像 9·11 这样的情感事件，我们确实对重要细节有更好的记忆。说我们的记忆不是很好，只是对于全部细节而言。我们只是倾向于认为我们全都记着呢，实则不然，调查数据与亲历者记忆的真正反差主要体现在这里。然而，如果我告诉你，你不记得自己26岁生日的细节，你一定不会感到惊讶。

这就是记忆。即使最有效的记忆，也就是所谓的"闪光灯式"记忆，也会改变，会失去情感上的影响。至少，影响会改变，会演化。这是好事。如果记忆不变化，我们情感的伤口就永远无法愈合，我们就会永远背负伤痛。我们当时感到的恐惧永远不会变模糊，永远不会减弱，永远不会成为我们历史的一部分。相反，会一直停留在现在，成为无法摆脱的现实。

问题是，有时恐惧会重新整理你大脑的一小部分，你无法忘记那种感觉。这一小块神经结构就是杏仁核。你害怕时，杏仁核会告诉你。不过，最难破解之处在于，杏仁核能控制你的精神状态，告诉你：你害怕了。这样一来，不仅影响你的想法，还影响你的思维方式和思维能力。

在工作生活中，我们都害怕什么？唉，我们害怕可能丢掉工作，害怕职业生涯结束，害怕可能再也找不到愿意雇用我们工作的公司。

这种忧虑是绝对合理的。几十年来，公司的平均寿命一直在缩短，技术的不断加速只会无情地将那些不能适应新环境的公司赶尽杀绝。真是这样。

解决之道在于改变，要去适应，去进化。Scrum是一种将改变的能力嵌入到个人和组织中的方法，但是要提防阻力。公司的任何改变、任何创新，都会刺激公司免疫系统产生抗体，来摧毁变革。

为什么会这样？我们为什么要抗拒改变？

当恐惧驱使人们接受疯狂的现实，并相信这种现实是唯一可接受的方式，在这种思维方式下，质疑这种疯狂就相当于质疑现实本身。下面，我将举3个这方面的例子来说明。

疯狂至极

让我带你走进世界上一家最大的汽车制造商。我发现大公司有一件怪事：离实际工作越远，地位就越高，挣钱就越多，头衔也越花哨。此外，我发现大多数真正工作的人实际上并不是公司员工，而是外包员工。

所以，这家全球性的汽车公司雇用一名员工时，他也就停止了工作，开始管理外部承包商。我没开玩笑，这时如果升职，就可以成为管理外部承包商的经理，更有甚者，可以成为管理承包商的经理的经理。我知道这听起来很是疯狂，事实上也确实疯狂。

这家公司正在开发一个内部项目，以跟踪和部署针对经销商的销售激励方案。这是一个相对简单的问题，于是他们指派一些经理搞这个项目，这些经理又雇用了其他经理，其他经理又雇用了其他经理，最底层的经理，即直线管理人员，雇用外部承包商为他们工作。就这样，由下至上，每个下一层经理都要对上一层经理负责，最终大约有200人参与这个项目。这是真事，不是我编造的。

他们总开会，开很多会，甚至开计划开会的会议，开总结开了多少会议的会议。经理们每天都要和其他重要人物开会，会议日程安排得满满的，重要人物则把和这些经理开会当作一种地位的象征。毕竟，如果重要人物参加了会议，会议一定很重要，因为有重要的人物与会嘛。每一个走过会议室玻璃墙，看到有真正重要的人物在开会的人都会觉得，不仅仅这场会议的与会者重要，而且会议一定在决定真正的要事。那些在玻璃墙里面的与会者获得了一点快乐、一种重要感，因为他们知道外面的人正因为看到了重要人物在开会而内心惶恐。

当然，工作毫无成果可言。哦，倒是弄出许多企业状态报告，弄出许多显示完成了多少工作的幻灯片来。但报告和幻灯片并不是真正完成的工作，而是一些人谈论其他人怎么干工作时留下的记录。这种情况持续达5年之久，一事无成。这200人耗费5年时间，没有完成一件有价值的工作，我发誓这是真的。

我第一次知道这件事时，在脑子里做了一点点数学演算。保守地说，假设这些人的年均工资是7.5万美元。7.5万乘以200，可以得出年工资总额是1500万美元，5年就至少是7500万美元。考虑到涉及的管理人员的级别颇高，总额很可能会更多。

那么他们都做了什么呢？他们做了管理这类项目的人似乎总是做的事情，即要求更多的人来完成这个管理经销商激励机制的重要项目。

"要是他们能再多雇用几十个人多好！说不定就能完成这项工作了。"

这真的只是一个小问题，而且，说实话，公司整体上更加混乱，比较而言，这个问题算不上是非常重要的一块。当 Scrum 公司最终被雇用来收拾这个烂摊子时，我们问的第一个问题是："谁在真正做这项工作？"我们的团队花了 1 个月时间才算搞清眉目。大量时间花在列席会议上，看人家给我们展示幻灯片和组织结构图。当我们要求查看已经完成的实际工作时，那些举足轻重的经理和主管们感到非常诧异。他们想给我们展示关于工作的报告，而不是工作本身。

最终，在参加多次会议之后，我们的团队终于弄清楚了到底有多少人在做这项工作：25 人。并且这 25 人大多是外部承包商。

我们的团队建议汽车制造商从这个项目中裁员 175 人。直到首席产品负责人告诉领导层，如果他们想要一份报告，可以看冲刺回顾，没完没了的会议才停止。没有了会议，没有了关于会议的会议。他们开始区分轻重缓急——选择合适的工作去做，按顺序去做。团队能够集中精力，朝着一个目标前进，一个冲刺接着一个冲刺进行，开始每周都有实际进展。当然，因为他们成功了，其他管理者开始试图挖走团队成员来完成他们自己的项目。但是首席产品负责人能够对领导说不：不，我们不会提交报告；不，我们不会去参加那些会议；不，我不做幻灯片。拒绝是产品负责人词汇中最重要的一个词。如果什么事都答应，就什么事都做不成。

当然，175 人的工作被证明是不需要的和不必要的，但是这175 人没有被解雇，而是被安排去做其他项目。仅仅几个月后，原团队中剩下的 25 人在 5 年内第一次交付了一个可行的产品。

对我来说最奇怪的是，我们到达那里之前，人们会聚集在走廊里，低声谈论整件事有多疯狂，但没有人肯大声说出来，没有人敢说皇帝没有穿衣服。实际上，也许那些管理者，以及管理者的管理者，对项目来说并不是完全必要的……也可能对公司来说并不是完全必要的。只是没人说出来而已。

没有人愿意为我们效力

Scrum 公司经常接到一些机构的电话，说他们迫切需要改变。最近，这方面的电话越来越多地来自大型银行，其中一些银行的资产高达数万亿美元。和大银行打交道时，由于其资产的数字规模极其庞大，一定程度上，你的头脑很难理解这样的数字概念。

让我们换个角度来看待这个问题。在写此书时，世界上最富有的人是杰夫·贝佐斯。《福布斯》杂志称，2018 年，贝佐斯的身价为 1120 亿美元。贝佐斯在我居住的城市华盛顿购买了一栋房产。此处房产原为一座博物馆，它花了贝佐斯 2300 万美元；有传闻说贝佐斯计划再拿出 2000 万美元搞装修。这似乎很荒谬，但我计算了一下，杰夫·贝佐斯花的4300万美元相当于我花了几百美元。对于贝佐斯而言，购买这座2.7万平方英尺豪宅的花费，只不过相当于我在一个美妙的约会之夜吃一顿豪华晚餐而已。贝佐斯可谓富可敌国，拥有的财富超过120个国家的GDP，排名在摩洛哥和科威特之间。

我所说的每一家银行的资产都比贝佐斯的资产多一个数量级。当我和其中一家银行的员工谈话时，我问他们："为什么打电话给我？你们又不差钱。"

"没有人愿意为我们效力。"他们回答说。

不仅仅是银行这么说，保险公司、大型工业公司、制造商也都这么说。这些公司通常都是老牌庞然大物，几十年来几乎没有面临什么竞争，也没有改变的动力。

举个例子，通用电气公司提高入门级工资，举办公开的编程马拉松，针对千禧一代做巧妙的广告宣传，为招贤纳士，可谓想尽办法。问题是，年轻的人才出现后，进入的却是打击人才的体系。工时长，没有创新的空间，处处受到微观管理，束手束脚。这些年轻人与在采用Scrum的公司里工作的朋友们聊天，感觉实行Scrum的公司听起来更有趣。年轻人如果不喜欢公司的职场文化，很可能就会流向其他更好的公司。

德勤公司每年都会对全球的千禧一代进行一次调查。最近的一次调查发现，以受访者是否希望在一个地方待两年以上来衡量，企业忠诚度直线下降。绝大多数受访者表示，他们当然不希望5年后为同一个雇主工作。除了薪酬本身之外，推动这一趋势的主要因素是积极的职场文化，以及在工作时间、地点和方式上的灵活性。

很多时候，公司会说他们想改变，想变得灵活。但当你开始解释他们需要做什么才能达到这个目标时，他们就开始搪塞说，这在这里是不可能的，这里就是这样做事的，我们一直都是这么做的。是的，我们想要 Scrum 的好处，但是我们不想改变我们的行为。哇啦哇啦，一派疯言疯语。

敏捷是可以做到的，不过，你必须让事情有所改变。与我们合作的一个硬件制造商决定推行公司变革，让每个人都加入 Scrum 团队。在公司工作的人以前听说过这种事情：给员工赋权，排除障碍，通过更聪明的工作方式来加快速度，而不是通过更费力的工作方式来加快速度。他们对此深表怀疑。

我们为他们的一群工程师举办了为期两天的 Scrum 培训课程。第一天结束时，公司的新领导知道他必须有所行动，工程师们似乎不相信有可能改变。次日一开课，新领导便对参加培训者发表了一番讲话。

"我们需要改变工作方式，"他声音低沉沙哑，"因为情况糟透了，我们都知道情况糟透了，所有人都很痛苦。"

房间里鸦雀无声，没有人提出异议。

"我们都希望把工作做好，"他继续说，"我们想竭尽所能，制造出最好的产品，我们要为我们的工作感到自豪。"

然后，他谈到他们要摆脱疯狂，首先从修好大厅男厕所的坏马桶开始。马桶一直坏在那里，谁都记不清究竟有多久了。

"我们非常擅长在出问题的小隔间周围贴上胶带，"他说，"而且非常擅长制作'设备出现故障，暂停使用'标牌。"他停顿了一下，想了一会儿，又接着说，"为什么我们在这方面比在解决问题方面做得更好？这本身就是个问题。这就是我们要修好厕所的原因。"

人群因敬畏而安静下来，严肃起来。最后一名男员工说："早该修理了，谢谢你。"

一位采购部的女士说："太好了！能顺带把隔壁女厕所的水槽也修好吗？"

"没问题！"领导回答，"但前提是你们都要告诉我和你们的 Scrum 主管，问题出在哪里。否则我们哪里会知道？我们需要你们无保留地说出来，告诉我们是什么在拖你们的后腿。"

"从水槽开始，我就相信你们是认真的。"女士回答说。

的确，他们说到了，也做到了。

你不必害怕承认事情已经出现了问题，简单的事情尤其如此。

风暴时效

2017 年，我与美国一家大型公用事业公司进行了一次对话。他们说，他们不得不派卡车去解决客户的问题，派维修车的次数让他们的问题变得一目了然。无论是修复一条断了的电线，还是在一栋新大楼里安装服务设施，还是修复一座变电站，不管什么问题，通常需要出动 5 次才能解决。为解决 1 个问题，需要派 5 批工作人员去拜访同一个客户。自然，这会导致客户不高兴，而且对于公用事业来说，成本过高，浪费过大。

为什么会这样？唉，他们常常到了现场，却发现问题并非被告知的问题，或者被给错了地址，或者没有合适的设备，或者技能不对路，或者有人忘记告诉控制中心切断电源，他们无法在线路带电时工作。他们说，最糟糕的是，两辆卡车会在同一条路上擦肩而过，但却朝着相反的方向行驶，或者会停在相邻的两户房子前，而要解决的问题却是同一个。完全没有协调！

于是我问为什么会这样。原来，安排卡车的人和调度员不在同一部门工作，调度员又与把工具放在卡车上的人不在同一部门，把工具放在卡车上的人又与控制中心给电缆通电的人不在同一部门，控制中心给电缆通电的人又与实际在卡车上的人不在同一部门。此外，还有住宅维修人员和商业维修人员，他们又在不同的部门。

这话听起来熟悉吗？每一个部门，它必须将事情从一个部门传递到下一个部门，才能为客户完成工作，这通常被称为职能孤岛（functional sios）。他们的利益、优先事项或权力结构并不一致。他们当然不是围绕着为客户提供价值来组织的，而是根据当地的内部利益组织起来的。有很多人说要把顾客放在第一位，现在到处都是这样讲，但很多时候说是一回事，做又是一回事，根本无法兑现。

但后来发生了一些有趣的事情。美国有一个风暴季节，强烈的飓风从加勒比海或南大西洋呼啸而来，带来高速疾风，可怕的滔天风暴汹涌而至，席卷海岸，暴雨泛滥成灾。自我们开始跟踪这类飓风和热带风暴以来，最糟糕的一年是 2017 年，那年有 17 个被命名的风暴，包括 10 个飓风，其中 6 个风暴为主要风暴（3 级或更高）。飓风"玛利亚"和"厄玛"摧残了加勒比群岛，并袭击了佛罗里达，留下满目疮痍。热带风暴"哈维"淹没了加尔维斯顿和休斯敦，那一年的年景非常糟糕。

飓风可以摧毁通讯和电网。通信中断，电网断电，有时会持续数周，在波多黎各甚至会持续数月之久。在一场风暴过后的一个月左右，我在美国的一家公用事业公司工作。他们曾经一度有几十万客户断电。

他们将全力修复中断网络的时间称为"风暴时效"。在风暴时间里，为了恢复家庭、医院和城市的电力供应，人们争分夺秒不遗余力地工作，突然间，一切障碍都消失了。来自全国各地的公用事业人员聚集在一起。为了保证大家都能吃饱，营销副总裁会在早上亲自下厨，炒鸡蛋给大家吃。造成条块分割的职能孤岛消失了，人们的生命危在旦夕，公用事业人员以工作为荣，无论上刀山下火海，在所不惜。

那场风暴过后，他们出色地完成了任务。通常需要花上数周时间才能恢复电力，但他们在几天之内就完成了，效率高到不可思议。但风暴造成的损失一经修复，他们便相视而笑，疲惫不堪，得意扬扬，在工作上，又开始了老调重弹，派 5 辆卡车去维修一处故障。

旧规则当淘汰则淘汰

数年前，美国国家公共电台管理层让我做了一段时间的《早间新闻》执行制片人。执行制片人能决定节目内容、顺序和时长，这工作很有趣。尽管不得不在半夜赶到台里并不是特别令人享受，但工作很有趣。

有一天，我想一起做两个访谈，外加一篇报道。具体新闻细节我记不清了，不管怎样，我把任务写在黑板上，一个在这个节目组工作多年的制片人说："你不能这样做。"

"什么？"

"你不能连续做两个访谈。"

"为什么？"

"有规定的。"

"这种规定欠考虑。"

"J.J.，这事关系到节目的结构，你只是个临时的替补，可能不明白我们是怎么看待《早间新闻》的声音和质感的。"

"真的吗？"

"来，让我给你看看。"

他拿出一个白色的三环活页夹，上面写着"如何做《早间新闻》"或者类似的废话。当然，手册上说我不能做我想做的事，所以我暂时屈服了。

接下来的3天里，我一直在追踪是谁制定了这条规则，想和此人谈谈。最终我接通了杰伊·克尼斯的电话，杰伊·克尼斯是

1978 年创办《早间新闻》节目的人。

"杰伊，有条规则，我有个疑问。"

"哪一条？"

"那条说我不能连续做一串同样事情的。"

"哦，那是因为磁带摄像机的倒带速度不够快，我们不得不分开来录制东西。"

我想指出的是，虽然控制室里还有磁带摄像机，但它们之所以在那里是因为它们很重，还没有人把它们扔出去。此时此刻，我们已经使用数字音频系统多年了。

我之所以给你讲这个故事，是因为我非常确定你的组织中也有一些这样的规则，总有一些。我知道的一家公司花了 3～6 个月的时间更新他们网站上的内容，因为几年前，网站上的一些内容使他们被行业监管机构罚款。所以，现在网站发布的一切，不管需要与否，都要经过公司成立的一个小型管理工作组审查。打电话给我的是管理工作组的主管：他的团队就是障碍，他似乎无法绕开这条规则。我问他，他审查的内容中有多少实际上触及监管领域。大概 10% 吧，他告诉我。你看这么做怎么样？我说。在各个团队开始写作之前，你为什么不坐下来，浏览一下他们的待办事项，标记出潜在危险的项目，并向他们解释需要确保这些特定的文本不出问题？经过这个小小的改变，他们能够每天更新网站的内容。一个如此简单的举措便为他们带来了改变，化不可能为可能。

要晓得，并不是说制定这种规则的人愚不可及，也不能说制定这种规则的人心怀恶意。上述两项规则在当初实施时都有充分的理由。但是，世易时移。技术在变，法规在变，环境在变。我经常把这些规则称为"组织的伤疤"。如果一条规则很恼人，这条规则实际上可能真的很欠考虑，你应该找出谁能够改变它。总有人可以改变它的，这种人定的规则又不是亘古不变的自然规律。

2002 年，在安然、世通和泰科国际公司爆出灾难性丑闻后不久，《萨班斯 - 奥克斯利法案》被签署成为法律。众所周知，《萨班斯 - 奥克斯利法案》具有强大的约束力：如果首席执行官或首席财务官故意提交虚假数据，他们将面临最高 500 万美元的罚款和最高 20 年的监禁，这可不是闹着玩的。每一家在美国证券交易委员会注册的上市公司和国际公司，以及任何为此类公司提供服务的会计师事务所，都必须遵守《萨班斯 - 奥克斯利法案》。

每年，这些公司都必须聘请外部审计师来审计其财务状态并进行内部控制。审计师着眼于财务数据安全、管理变更以及数据备份，检查得相当彻底。

几年前，我的同事金姆·安泰洛在一家大型全球性工业公司工作。公司制造的产品用于保证飞机飞行安全，总之是非常重要的东西。金姆的团队完全采用 Scrum。在事先没有让金姆知情的情况下，《萨班斯 - 奥克斯利法案》合规审计小组对他们进行了审计。审计师把金姆拉到一个会议上，说她未能依从规则行事，存在重大失误：团队这也没做，那也没做，她本应对所有流程进行内部控制，而且她未按要求做记录，缺少大量的商业需求文档。

"您说得对，"金姆说，"我没有那些东西。但我可以证明，我们实际上做了更多你们要求我们做的事情，而且更有成效。"

事实证明，《萨班斯-奥克斯利法案》中实际上并没有明文规定如何进行正确的内部控制，它只是规定必须有某种方法来证明你做到了。金姆让审计小组退后一步，看看这些控制措施的要求以及它们存在的原因。然后，她向审计小组介绍了她的团队是如何满足这些要求的。

"诚然，我们没有你们正在寻找的商业需求文档，但我们有一位产品负责人，产品负责人每两周就会把业务推向一次冲刺阶段。产品负责人已经在需求文档上签字同意。您可以在我们的产品待办事项清单中看到是谁制定的规则，谁进行了同行评议，谁提交了合并请求，谁批准了合并请求。您可以看到所有的测试、所有的文献记录。"她指出，与传统审计要求相比，Scrum更加透明，能够提供更多关于正在发生和已经发生的事情的数据。

"你说得对，"审计员说，"这种Scrum过程是一种好得多的方法。"

金姆以为一切就此告一段落。可是，随后，这家巨无霸型集团的首席信息官请她主持一次会议，向公司的领导展示如何执行Scrum。

"旧规则已经不再适用，"首席信息官对与会者说，"我们需要怎么做才能把事情做得更好？"

听着，我知道有些规矩你完全无力改变。也许公司政策是所有业务部门都通用的，你根本无法改变。这个我懂，但至少你可以试探一下边界在哪里，看看原本认为不可动摇的东西，一旦受到推动，是否真的有一点弹性。

再举一个例子。许多年前，在西门子公司，人们被必须提交的大量文件和报告所淹没。没有人，完全没有人，有权力去改变这一现状。因此，西门子公司做了一项实验，各个团队开始在文件中间的一个页面上放置垃圾文本，并附上电话号码。如果有人在阅读时遇到问题，可以打电话咨询。如果6周内没有人打电话来，他们就会停止制作这份特定的文件或报告。以前规定要求他们必须这么做，他们只得盲目照做。规则说了算，而不是人说了算。凡事规则说了算，实在荒唐之至，近乎卡夫卡式的噩梦。是不是该检查检查规则，该淘汰的尽可能淘汰，人总该有这么一点点自由。

看似疯狂之事通常确为疯狂之事

我在本章提到的所有场景，作为例子虽然未必完全恰到好处，但就其实情来讲，都是疯狂的。对我来说最疯狂的部分是，卷入这种局面的人们对疯狂的事情已经习以为常，完全看不到自己有多疯狂。不幸的是，这种情况也太过普遍，我肯定你也会觉得这很疯狂。不过，我敢打个大赌，只要我们在贵公司走一走，或者看一看贵公司的工作方式，我们就会发现很多事情都充斥着这种不理智的气息。如果你发现自己在说以下这些话，你就要警惕了：

> "这里的工作方式就是这样的。"
>
> "这一点永远不会改变。"
>
> "我知道这看起来的确不太合理，但是……"

倘若某人或某件事看起来不正常，那么，绝大多数情况下，肯定不正常。人类是适应和调整所创造的奇迹，适应和调整是我们的生存之道。当我们发现自己处于极难应付的境地时，为了生存，我们总会做必要的心理调整。我向你保证，不仅仅是你这样，等级制度底层的人与顶层的人没有什么不同，我们都受困于情势。我们要做的是在团队周围设置护栏，告诉团队规则的目的、意义、存在的原因。如果规则不再有意义，不能真正实现制定规则的目的，我们需要赋予团队挑战规则的权力。

你认为那些有太多工作要做、时间又太少的管理者总能轻松地改变吗？他们告诉自己，他们只是按照施加在他们身上的要求行事。银行如此，电力公司如此，工业巨头亦是如此。被寄以厚望的人，都和普通人一样，都是既成秩序的产物。正是因为意识到自己承受着巨大的压力，所以他们常常认为自己受制于命运的摆布，无法改变现实。

在商界，和我交谈的人通常都很清楚他们存在问题，他们不能把事情做好。他们所在的职场是有害的，破碎的，不完美的。除非有所改观，否则情况会变得更糟。

对我来说，第一步是：当然，我有问题，但我可以解决问题，可以改变我现在的处境。我可以有所不同，有所作为。不一定非要保持现状。

真的不一定非要墨守成规。即使大机构也会发生变化，而且能迅速改变。

为什么？因为机构也和人一样，都是复杂自适应系统的衍生现象。你无法通过理解部分来理解整体。毫不奇怪，从个人层面到大众层面皆是如此。我们不是系统各个部分的产物，而是系统各个部分相互关系的产物。

在个体层面，这体现在大脑和心智之间的区别，或者说体现在大脑和意识之间的区别。你的大脑中没有一个区域是"你"的居所。"你"并非居于大脑的额叶皮层，并通过大脑的其他部分发出要求。当你需要说话或解决接球所需的相当复杂的物理计算时，大脑的任何一部分都不能控制其他部分。不，所有这些系统都以复杂且经常令人恼火的方式连接在一起，而"你"作为所有这些部分相互关系的产物而存在，"你"从你的诸多不同自我中显现出来。脑电流将身体和大脑结合在一起，就形成了"你"。任何真正意义上的"你"，都不过是在神经元和脑电流构成的刀刃上玩危险的平衡术罢了。只要身体和大脑二者有一个被压垮，或者改变脑电流，你就会被改变。锻炼、深度冥想、坠入爱河、恐惧，或者过于频繁地受到一种刺激、受到猛烈冲击，都会使大脑受到深度刺激。

每一天，你一觉醒来，都是一个不同的人。你大脑的所有不同部分都在测试神经元间的连接，衡量彼此间的流量。按照智慧的定义，没有任何部分是智慧的，但各部分联系的结果要大于各部分的总和。所以"你"从睡眠中浮现，你每一天都是前一天的"你"，这种连续身份的想法不过是一种错觉。不过，我们却相信我们的身份是连续的，因为承认我们不是连续的，会让我们心中难安。

任何组织也是如此。所有不同的人每天聚集在一起，通过他们之间的关系，决定当天的组织状态。他们遵守如何相互交谈和如何做决定的规则。每一天，组织都是"新的组织"，这是组织的选择，不是必然的结果。

为什么无法保持风暴时效

麻省理工学院斯隆管理学院教授奥托·夏尔默博士提出一个理论：人人心怀畏惧，人人为恐惧所驱使；恐惧控制着我们。

正如众多研究表明的那样，心怀恐惧的人缺乏创造力。心怀恐惧的人倾向于退归旧模式，夏尔默称之为下传型人格（downloading）。当我们在无法理解的快速变化的世界中工作时，我们会下载过去的行为。即使过去的行为在当前环境中明显无效，甚至起反作用，我们却誓死捍卫这些行为。我们设置路障，对变化说"不"。如果我们不能控制世界的变化，至少我们可以控制自己改变的程度。别把自己扔入"历史垃圾堆"。

夏尔默说，要超越这种恐惧，我们必须超越我们内心的3种声音。

判断之声

首先是判断之声，即通过我们现有的世界观来判断新信息。真实的事实或数据不会动摇我们的立场，我们只会相信我们已经相信的事实。政治科学家在对目前世界许多地区两极政治动态的研究中看到了这一点：无论发生什么事件或采取什么行动，人们都是从党派认同的角度来看待的，人们所说所做的一切只会强化以前的立场。任何立场都只有两个方面，即我们的立场和错误的立场，世界变成了单色。

在我们生活的某些方面，这种确认偏误（Confirmation Bias），或者说批判性思考能力的缺乏，会发生在我们所有人身上。关键是要意识到确认偏误不仅发生在你强烈反对的人身上，也发生在你本人身上。如果你是一个组织的领导者，你必须认识到这种情况也会在你的公司内部发生。确认偏误会限制组织的成长能力和变化能力，甚至限制组织的思考力。确认偏误可以有效对抗你试图实施的变革。

要坦白承认确认偏误会发生，这就相当于掌握了一个强大的超越确认偏误工具。恐惧通常是由人们试图保护的东西驱动的。我曾经在一家公司工作过，该公司以卓越的工程技术名闻遐迄。我们尝试引入 Scrum 时，最大的阻力来自中层管理者。中层管理者体现了判断之声，他们狂热地抵制变革，在高级管理层背后操纵、破坏公司试图实现的转型。他们会阳奉阴违，在会议上说"是"，但背地里想方设法抵制和破坏新方案。

起初，我的反应可能和他们对我的反应如出一辙：他们都是背后捅刀子的卑鄙小人。但蔑视他人不管会让你感觉多么有成就感，却解决不了任何问题。即使你是对的，蔑视他人也不能帮助你解决任何问题。我认为自己无疑是对的，他们是恐龙般庞大、低效、落后组织的体现。他们迟早会要了公司的命，只有我能拯救他们的公司。

当然，实际上，我完全错了。他们在保护他们穷尽自己的职业生涯为之献身的事业。中层管理者拥有公司文化，体现公司文化。他们帮助创造并维持了自己引以为傲的优秀文化，他们认为 Scrum 威胁到了公司文化，威胁到了他们的营生，威胁到了他们的公司。因此，我必须向他们展示，这种新的工作方式不是让他们改变自己的理想，而是在强化他们的理想。我必须说服他们，证明他们确实可以以更好的质量更快地提高。如愿以偿，Scrum 可以使他们能够更充分地体验自己强烈的感受。

玩世不恭之声

夏尔默的第二个声音是玩世不恭之声。嘿，我当了 20 年记者，冷嘲热讽是我的拿手好戏。我在战时采访过军队，大多数时候，愤世嫉俗是最恰当的反应。不信任灌输给我们的谎言是一件健康的事情，人们期待记者能够玩世不恭。

然而，对一个企业来说，玩世不恭就是死亡。即便如此，在一家陷入困境苦苦挣扎的公司里，玩世不恭又是无可厚非的。管理层会说一套做一套，或者会执行另一种时尚，实施另一种欠考虑的重组，采用另一种所谓的"灵丹妙药"，让他们自我感觉良好，却让大多数员工的工作境遇更加恶劣。

有这么一家大公司，和大多数大型企业一样，他们面临着一个快速变化的世界，却根本无法完成任务。每个人都忙忙碌碌，但就是不能把新产品投放到市场上，无法有所作为。竞争对手开始蚕食他们的市场份额，新的创新者不肯束手就擒，被他们收购。公司在所有类别的新产品开发中都错失良机，公司其实没少收购初创企业，但收购之后，又不可避免地摧毁购买初创企业的初心。

大约一年前，首席执行官决定整个公司都要实行 Scrum。他们将赋予员工权力，把决策权下放给团队本身，即下放给最接近市场的人。他们会拥抱创新，拥抱一种快速失败、快速学习并庆祝失败的文化。他们决心摧毁职能孤岛！首席执行官甚至把 Scrum 写进年度报告，一心要动真格的。

看来确实是要动真格的了。不过，同食物链下面几层的员工交谈之后，你会发现动真格的谈何容易。他们冷嘲热讽地告诉我，首席执行官说什么并不重要，中层管理人员死活不愿意执行，首席执行官也没辙。中层管理人员不肯让团队自己做决定，不肯让团队打破职能孤岛，不肯让团队做任何 Scrum 要他做的其他事。这已经不是他们第一次参加培训班、去市政厅并收到追踪复查邮件了。以前什么都没有改变，他们有什么理由相信这次会不一样呢？

玩世不恭的做法是在情感上保护你，使你不抱希望，以免日后希望破灭受到打击。玩世不恭使你远离正在发生的事情，使你避免因失败遭受痛苦，是一种自然本能。但玩世不恭也会破坏主动性，毁掉婚姻，毁掉公司。玩世不恭是一种导致情感背叛的生存机制。

所以我让他们这么做，把首席执行官的报告打印出来，我建议。要是有经理或者项目主管或者任何一个人，完全是出于抗拒改变的原因，死命抓住权力不放，或者坚持 15 项任务都是重中之重，眉毛胡子一把抓，以此阻止你完成任务，你就把首席执行官的声明拿给他们看。问问他们，首席执行官是不是骗子。如果他们坚持，去找他们的领导，找领导不行，就去找领导的领导，直到，如果有必要的话，去首席执行官的办公室当面问首席执行官这个问题。但我认为你不必走那么远。如果首席执行官是认真的，你点名道姓地投诉一个经理，说他拒绝接受新方案，之后你会发现，这个经理的上级或者上上级将采取纠正行动。如果没有纠正行动，那么你据此可以断定，公司其实对推广新方案并不热心。

令人惊讶的是，我的建议奏效了。进展不快，但的确有了起色。他们尚未毕其功于一役，但是一个团队接着一个团队，一个部门接着一个部门，一次一个冲刺，他们实际上是在推动公司发生真正的变革。变革需要纪律，需要专注，需要担当，但变革一定可以做到。

恐惧之声

在夏尔默的分类法中，最后要处理的声音是恐惧之声。本章内容就是从探讨恐惧开始的。考虑一下你现在的工作，你最重要的项目。让我在你耳边悄声问几个问题：如果我失败了怎么办？老板会怎么看我？我的团队会怎么看我？如果我被解雇，我的家人会怎么看我？我的父亲会怎么看我？

这就是恐惧，真正的恐惧。

恐惧生活在我们所有人的内心，就在我们大脑中央，舒适地依偎在小巧的杏仁核里，随时准备着要我们放弃一切有意识的想法，放弃冲锋陷阵，落荒而逃。这就是半夜惊醒我们的恐惧。

但如果我们想创造新东西，如果我们想引导别人进入未知的领域，如果我们想拥有一个伟大的团队或者一个伟大的公司，我们必须承认恐惧，放下恐惧。我们必须适应不确定性和变化，凭借不完整的信息做出决定，在迷雾中看到前途并告诉别人，我看到了——未来是真实的，大家并肩奋战！

爱德华·戴明在二战后将"持续改善"的整个概念传授给日本人。戴明晚年开始深切关注美国的商业状况，他看到当时的美国工业面临着与日本战后类似的生存危机，并最终在 20 世纪 80

年代出版了一本书，书名是《走出危机》。他在书中列出了公司应该做的 14 件事，比如持续不断地改进、培养领导力。这里我想特别谈谈第八条：驱除恐惧。

戴明说，哪里有恐惧，哪里就会有失常的数字。抑或正如彼得·德鲁克所言："现代行为心理学已经证明，巨大的恐惧造成强迫，残余的恐惧导致怨恨和反抗……些微的恐惧破坏积极性。"

我可以引用很多他人关于心理安全、信任和建立伟大组织的观点。但归根结底，事实是，恐惧是一种心理杀手。对你自己如此，对你的团队如此，对你的组织亦是如此。

"风暴时效"无法持续的原因也在于此。人们害怕做出他们需要做出的改变，老实说，这种恐惧完全合乎情理。但这种恐惧也会让你和你的公司陷入拒绝和报复的恶性循环——把人当作可替代的螺丝钉，把客户当作敌人，把同事当作背后捅刀子的奸邪侍臣。

这真是一种沉郁的生活方式。

但要知道，你不必这样生活。你可以明天一觉醒来，决定做一个改头换面的人。

人脉相连

一桥大学是日本首屈一指的商学院。最近，我与该校的野中郁次郎教授共进午餐。野中教授是 1986 年创造 Scrum 这个术语的论文的合著者。野中说，建立一个伟大组织的关键，以及伟大领导者的使命，是创造创新发生的环境。这种环境存在于人与人之间的联系中。他使用了日语中的"场"一词来表现这种联系，"场"这个词大致可以翻译为"蕴含意义的环境"，是个体之间的共享空间，是知识创造的基础。

野中教授用视角进行隐喻。当我们谈到自己时，我们使用第一人称：我做了这个，我感到了那个，我是这个。借用弗洛伊德的精神分析术语，这叫自我意识。当我们谈论组织或团体时，我们使用第三人称：他们做了这个，这个地方是这样的，该公司是这样运作的。如果我们就此撒手，不管不问，如果我们认为世界在个人层面上是原子化的，分离的，在组织层面上是"他者的"，"不是我们的"，那么，世道人心就开始败坏。我们会将每一次交流都看作是一次交易，称这个世界是"人吃人"的世界，把与我们意见相左的人看作是邪恶意识形态的仆人，因为他们威胁着我们的日常生活。人与人之间的关系成了一场零和博弈：我赢，你输，任何不这样看待世界的人都是傻瓜。这是一种利己哲学，一种匮乏的人生观。

野中说，为创新和创造开辟空间的是从"我"和"他们"转向"我们"。他说，人道就存在于这种联系中。日语汉字中的"人"字是形意字，表示两个人面对面，相互支撑。人道本身只存在于人与人之间的联系中。你与人结成伙伴关系，或者加入一个团队，或者与人携手合作，或者让数百个团队为了一个目标而联合起来、众志成城时，你会创造出比这些部分的总和还大的东西。人道聚则兴，人道散则衰，兴则喜，衰则哀。"寡妇"和"孤儿"是我们最悲伤的词，而"家庭""婚姻"和"诞生"是我们最幸福的词，原因就在这里。我们在项目开始时感到兴奋，在项目结束、风暴过后团队说再见时又感到悲伤，原因就在这里。分道扬镳使人失望，重归于好使人开心，原因就在这里。我们关联，故我们存在。

在 Scrum 公司，我们的员工遍布世界各地。在撰写本书之前，我们在日本、德国、美国、英国、澳大利亚、新加坡和墨西哥都有团队。我们在全球范围内工作，每个季度，我们都会停止工作，飞到一个城市，济济一堂，谈心，找乐子，分吃面包。老实说，没有多少工作要做。我们这样做是为了保持彼此之间的联系，保持我们强大的"场"。通过观察在懈怠期中暴发的激烈争论的频率，我通常能告诉你，我们距上次聚会已经有多久了。激烈争论通常在我们上次聚会后大约 10 周就开始暴发，就像上了发条一样准确。漂洋过海聚在一起，无论是现金花费还是机会成本都很昂贵。但这项投资的回报是一个更快乐、更团结的团队。完全值得。

领导者的工作就是确保这些关系是健康的，确保共同体是强大的，确保有解决问题的沃土，有创造和创新的沃土。这就是治愈恐惧的解药：联系。

回　顾

认清疯狂的真面目。卷入疯狂局面之人对疯狂之事已经习以为常，完全看不到自己有多愚蠢。这就是你经常听到人们说下面这些话的原因："这里的工作方式就是这样的"，或"这一点永远不会改变"，或"我知道这看起来很疯狂，但是……"与疯狂作战是一场零和博弈。倘若疯狂赢了，你就输了。

旧规则当淘汰则淘汰。规则在当初实施时都有充分的理由。但是，世易时移，技术在变，环境在变。如果一个规则给人的感觉很愚蠢，它实际上可能真的很愚蠢，你应该找出谁能够改变它。总有人可以改变它的，人定的规则不同于亘古不变的自然规律。

让工作具有"风暴时效"。你有能力一直以从容的、专注的方式工作。人们害怕做需要做的改变。老实说，这种恐惧完全合乎情理。但恐惧也会让你和你的公司陷入拒绝与报复的恶性循环之中。你可以明天一觉醒来，决定做一个改头换面的人。

找到你的场。 场是个体之间的共享空间，是知识创造的基础。你与人结成伙伴关系，或者加入一个团队或多个为了实现同一目标而联合起来的团队，众志成城时，你的创造会大于这些部分的简单总和。领导者的工作就是确保这些关系是健康的，确保共同体是强大的，确保有解决问题的沃土，有创造和创新的沃土。这就是治愈恐惧的解药：联系。

待办事项清单

✔ 思考奥托·夏尔默的恐惧分类中的每一种声音：

判断之声。当我们通过现有的世界观来判断新信息时，事实或数据不会动摇我们的立场；我们只会相信我们已经相信的事实。

玩世不恭之声。一定程度的玩世不恭可能是好事，但过分玩世不恭则可能导致组织走向灭亡。愤世嫉俗者总是反对新事物，不管变化是好是坏，愤世嫉俗者只是把变化看作是一种安慰剂，让别人感觉更好，却让他们自己的工作雪上加霜。

恐惧之声。考虑一下你现在的工作，你最重要的项目。让我在你耳边悄声问几个问题：如果我失败了怎么办？老板会怎么看我？我的团队会怎么看我？如果我被解雇，我的家人会怎么看我？

✔ 哪个声音或者哪些声音最能描述你和你的想法？你能做些什么来补救？

✔ 有哪些实际上不理智的规则或情况，你是按照正常规则或情况来接受的？你与哪些不理智的规则或情况做过斗争？为什么前者的列表比后者长？

✔ 你和同事之间的关系如何？做点什么来加强联系吧。

6

改变组织结构 = 改变组织能力

组织即文化，想创建有生产力的公司，要先搭建有创造性的组织，Scrum关注结构本身，建立最低限度可行的官僚机构，鼓励公开、透明，强调主动和涌现，团队一起思考如何更好、更快地为客户服务。

里卡多餐馆是伦敦切尔西社区的一家本地小餐厅。餐厅招牌下方，红色遮阳篷上用白色字迹写着"舌尖上的托斯卡纳"一行字。菜单上满是意大利托斯卡纳经典菜肴：番茄面包汤、芥蓝菜汤、鹿肉酱宽面等。里卡多·马里蒂在1995年开了这家店，他的父亲来自托斯卡纳。里卡多小时候常去看望祖母，对祖母餐桌上的食物有着美好的回忆。里卡多餐馆有90个座位，如果天气允许，室外还可以安置40~50个餐位。生意好的夜晚，每张餐桌可以招待2批，甚至3批食客。

两年前，里卡多得出一个结论，他餐馆经营的方式已经行不通了。里卡多告诉我，餐馆等级森严，是最恶劣的工作场所，要是有谁流落到在餐馆里打工，实属不幸。经理和厨师虐待团队成员，不允许团队成员独立思考。里卡多甚至考虑过完全离开餐饮业，卖掉餐馆。

这时，他从我的第一本书开始，发现了Scrum。自此他开始参加Scrum公司的培训课程，一个接一个：先是在德国，然后是瑞典、波士顿。最后，他回到自己的餐厅，改变了一切。

"在 Scrum 中，"他说，"没有人强行给你派活儿，他们告诉你需要做什么，但由你来找出最好的做事方法。你知道，正是这一点引起了我的共鸣。"

他回去告诉员工，他们需要一个新的作业系统，一种经营餐馆的新方法。他说，你们都有工作保障，但不再有角色划分，不再有经理，现在每个人都是团队成员，包括他自己。

他愿意给员工分一份利润。有些人接受了他的建议，有些人没有，但是等级制度已经完全改变，餐馆从一个独断专行的组织变成一个完全扁平的组织。没有头衔，没有老板，只有一群人，一起思考如何更好、更快、更快乐地为客户服务。

里卡多断定：组织即文化，文化决定上限。僵化的结构造就僵化的文化架构和产品架构，这使得改变更加困难，在团队层面如此，在组织层面上更是如此。

公司结构不仅仅是组织结构图。我的一位导师，贝恩公司的达雷尔·里格比曾经告诉我，两家公司的组织结构图可能非常相似，但文化和运营模式却截然不同。

"我发现，在宽泛背景中讨论一个组织的运营模式，会更容易一些，"他说，"运营模式是诸多问题的结合体，其中包括：'我们的目标和激情是什么？''我们的领导者是如何表现的？''我们的文化是什么样的？''我们的战略体系是什么？''预算是如何运作的？''我们雇用什么样的人？'组织结构图只是构成运营模式的众多要素之一。"

他将组织结构图比作公司的硬件。硬件很重要，但更重要的是在硬件上运行的软件，即操作系统。在我看来，要取得真正的成果，必须两个方面都有所改变。

确实如此，组织结构不仅仅是组织结构图，更体现组织价值观、组织激励机制，公司文化由此产生。你不能决定组织结构是什么样的，但必须使组织结构具有创造性。要建立有生产力的公司，需要先创建公司的骨架。

改变组织结构 = 改变组织能力

不管我们多么希望有些事情不是真的，但这些事情总是存在的，似乎深深根植于人类的本性之中，只要把人聚集在一起去完成一件事情，就无法避免。对此你应该有所警惕。第一个需要注意的是康威定律，梅尔文·康威 1968 年在论文《委员会是如何发明的》中最早提出了这个概念。康威写道："（广义上来说）组织设计的产品等价于这个组织的沟通结构。"

顺便说一下，1968 年也是推出无敌风火轮赛车、变形椅和拉链密封袋的一年，和这些发明一样，康威定律也经受住了时间的考验。麻省理工学院、哈佛商学院、马里兰大学，甚至微软公司的研究人员一次又一次证实康威定律是正确的。

第二个需要注意的是几年前由艾伦·沙洛维提出的沙洛维推论（Shalloway's corollary），他是净目标公司的首席执行官，也是长期思考组织结构论题的专家。沙洛维认为："当团队改变其员工的组织方式时，他们当前运用的架构将对团队不利。"

让我们思考一下上述两个概念。康威定律的基本观点是，无论你在做什么，无论是软件、汽车、火箭飞船、餐馆，无论什么，你的产品或服务都将反映在其组织结构中，反映在各个部分的组合方式上，你的产品都是你沟通模式的复制品。如果你有一个僵化、等级森严的组织，很难打交道、很难改变，隐藏信息、沟通缓慢，甚至不怎么沟通，那么你的产品将是等级森严的、僵化的、问题较多的，并且抗拒改变，难以维护，难以升级，很难适应新的市场和新的机会。

同样，这可能反映在组织结构图中，也可能不会。你可以建立跨职能的 Scrum 团队，打破职能孤岛效应。在一开始，这可能是你唯一能做的，你的沟通渠道可以不同于你的组织结构。随着时间的推移，你会希望改变你的组织结构来提高你的沟通效率，否则二者会互相冲突。但是，在工作进行的同时，尽可能让这种新的组织结构出现，这样要好得多。

正如做一件产品，一开始你并不知道正确的结构是什么。瀑布式管理模式一开始就试图规定正确的结构，不知以为知，还不承认。这是瀑布式管理模式的傲慢。Scrum 的一部分就是承认你不知道答案，也不能预测未来，正确的解决方案将从工作、反馈中产生，并朝着当时最佳的解决方案迭代。

没有所谓"正确"的结构。一家国防承包商、一家大银行和一家 10 亿美元的在线游戏公司，三者终归有所不同。各个机构在做非常非常不同的事情，有不同的目标、不同的策略，适合每个机构的正确结构也会非常、非常不同。

举个例子。我的老朋友雅各布·西斯科是一家全球金融机构创新实验室的首席执行官。该机构是世界上最大的银行之一，他们相当于该机构"登月计划"的开发者。几年前，他在苏黎世生活，我到荷兰出差，我俩在阿姆斯特丹相遇。

那是一个多云的下午，我俩漫步在冯德尔公园天鹅绒般的绿色中，前往世界上最大的博物馆之一——阿姆斯特丹国立博物馆，博物馆藏有伦勃朗、维米尔等荷兰大师的作品，馆藏令人叹为观止。伦勃朗的《夜巡》描绘的是一支荷兰民兵连队出发去巡逻的情景。去欣赏这幅杰作，你一定不枉此行，走上楼梯，你就会看到它雄伟地占据了整个空间，你首先能注意到的是它巨大的尺寸。这幅画有 12 英尺高，14 英尺宽，画面的构图和光线让人感觉到巡逻的民兵连队可能会随着鼓手男孩的节拍从墙上走出来。

我们欣赏《夜巡》时，雅各布给我讲了一则关于我们所在的博物馆的趣事。一百多年来，博物馆藏品的陈列完全照搬博物馆的组织形式。每个部门——绘画、雕塑、陶瓷等，不管哪一个——都执行极端的管理，条块分割，各自孤立，不仅在报告结构上如此，在展览本身的物理布局上也是如此。如果你对绘画感兴趣，可以从公元 13 世纪开始，按时间顺序观赏，在 17 世纪荷兰黄金时代的作品前流连忘返，然后一年又一年，十年又十年，一直观赏到当代作品。在下一个大厅里，比方说雕塑大厅，你将再次从中世纪开始，穿越历史。然后你进入陶瓷展厅，再次体验从古到今的穿越。博物馆的展厅相当于直接复制了它的组织结构图。

从 2003 年开始，博物馆关闭，展开为期十年的修复工作。时任馆长塔可·迪比茨计划在 2013 年重新开放时，改弦易辙，按照世纪划分来组织博物馆，让参观者感受到某个时期的艺术，而不仅仅是某种特定类型的艺术。同一时代的艺术家是并世存在的：他们互相影响，参加对方艺术展的开幕式，争论美学的本质和艺术的目的。如果按媒介把他们分开，就无法看到他们作品中的对话。

为此，博物馆必须组成由专家构成的跨职能团队。这是一项重大变化，在此之前，不同的管理者群体之间几乎没有相互交流。现在，他们必须共同努力，从博物馆约 100 万件藏品中选择一起展出的展品。他们总共只能挑选 8000 件，每个世纪分配一个团队。

阿姆斯特丹国立博物馆在号角齐鸣中大张旗鼓地重新开放了，修复工作被誉为"一次彻底的成功"。《卫报》当时评价道："期待已久的结果蔚为壮观，该博物馆很可能在未来几年成为其他机构的典范。"但是这一努力让博物馆的工作人员筋疲力尽。迪比茨说，是时候问问自己了，我们已经成绩斐然，在此基础上，我们能做什么？如何继续保持相应的地位？他们创建了新的跨职能的 Scrum 团队，包括从管理员到保安的所有人，来真正思考人们如何体验博物馆和个人展览。这种结构决定了他们现在的能力。他们没有完全采用 Scrum——他们有遗留结构——但为了解决重要问题，为了在快速变化的世界中保持不被淘汰的首要目标，他们这种传统结构必须被打破，因为这限制了他们施展才华的可能性。

我把这件事讲给达雷尔·里格比时，他立即问道："他们怎么知道按年代分类比按类别分类要好？"达雷尔指出，真正有趣的问题是如何创造客户认为最有价值和最有益的体验。他在大型百货公司工作时，总是被问到这个问题。大多数大型百货公司都是按品牌组织的，你知道的——安德玛牌展示健身用品的健身房在这里，旁边美体小铺展示化妆品的暖木小屋看起来又是一番景象。但他表示："总是有人认为，这不是布局百货公司的方法，购物总得来来回回跑。"反对者认为百货公司应该按类别布局。

达雷尔说，真正的问题是，如何与客户足够接近，从而找到最适合客户的方式。国立博物馆的团队包括博物馆里的所有角色，尤其是与参观者互动的人——保安、讲解员、检票员、工作人员以及馆长，大家一起工作，跨越组织藩篱，为访客创造完整的体验。他们不断自问：我们如何变得更优秀？顾客的习惯是如何改变的？我们如何能恰到好处地满足人们的需求？

十多年前，Adobe 公司开始使用 Scrum，团队决定需要更多的客户反馈来做好这一点。在实施 Scrum 之前，用户唯一的反馈是软件故障报告。结果，他们做出的产品用户却不需要，于是他们决定改变。Flash Pro 软件团队邀请超级用户参加每一次冲刺检查。其他团队设置了私人服务器，并允许最热情的粉丝用户访问。公司离用户越来越近，他们告诉我，现在公司已经不再开发没有人会使用的功能，而在过去，他们惯于开发这种功能，而且乐此不疲。

变操纵为领导

管理层在向 Scrum 团队过渡时常犯的一个错误是，认为他们的工作不会改变。他们想从 Scrum 中获得所有的好处，从根本上以更高的质量更快地交付更多的价值，但是没有意识到他们也必须改变自己的行为。

在里卡多的餐厅，取消所有管理职位后，需要改变的不仅仅是员工的行为。里卡多也必须改变自己的行为，他不能越俎代庖。这并不容易。

一天，里卡多坐在餐馆里，周围是特色鲜明的红椅子和墙壁。"我很冲动，喜欢解决问题，"他说，"有人给我带来新问题时，我的常规做法就是去解决它。"他必须学会忘掉这种行为。他说，现在他不是决策者；他的职责是帮助手下的员工做出更好的决定，必须鼓励他们自己做决定。对于习惯了餐饮业严格等级制度的员工来说，这是一个艰难的转变。人们不断盼望产品负责人或 Scrum 主管出头，吩咐他们该怎么做。

有一天，他站在餐厅的 Scrum 告示板前给员工讲话，洗碗机的噪声偶尔会淹没他的声音。"我们所做的，"他说，"就是告诉每个团队成员，必须自己做决定。"

将决定权下放到团队已经产生巨大的影响，他们对客户问题的响应时间缩短了 70%。团队做出决定、解决问题的速度提高 3 倍。但要做到这一点，管理层必须退后一步，把角色从操纵转变为领导。

在一个按照 Scrum 管理的公司中，领导力比在一个正式结构的公司中更有必要。在传统的组织中，高管的命令可能需要很长时间才能在整个组织中传达下去；在每一个层级都会被重新解释，最终往往会产生一些最初没有人想要的东西，改革前的 Adobe 公司就是这样一个例子。公司上传下达的电话游戏催生出愚笨的产品。在某种程度上，这种缓慢是一种组织防御机制；缓慢在糟糕的要求和糟糕的结果之间造成延迟，给人缓冲。并不是说不会有坏的结果出现，但是组织仍有机会在坏主意变成现实之前就把它纠正好。这种机会虽然不大，但是确实存在。

雅各布被任命为实验室首席执行官。不久后的一天，他告诉我，他意识到一件令他惊恐的事情：他糟糕的决定与其造成的痛苦之间的距离是零，二者之间没有缓冲区。一个看似漫不经心的决定会严重削弱他的组织。我告诉他，能认识到这个问题就是好事！现在，他可以在每一次冲刺中得到关于错误决策的反馈。有了 Scrum，就可以及时改弦易辙。

领导者首先要做的就是引导

领导者需要有一个令人信服的愿景，一个令人信服的方向，一条通往未被发现的家园的道路，并且需要把这些传达给员工。无论是改变世界，以一种新的方式提供更好的产品从而打开市场，还是简单地以比以往任何时候都快的速度推出伟大的创意，领导者都需要员工对正在做的事情感到兴奋。

但要小心，不要太痴迷于你那引人注目的美丽愿景，想当然地以为你想要什么，用户就想要什么。无论做什么事，你多半都会犯错，这方面也不例外。有这样的假设：创新失败是因为最初的构想是错误的，团队无法适应。我们知道，在最初的构想中，三个里面有两个会是错误的。你的强烈愿景出错的频率与构想出错的频率差不多是一样的。

你必须创造一种鼓励创新、冒险和快速执行的环境。重要的是要有一个紧密的反馈回路，让你知道你的愿景、产品、服务或想法是否值得去做。据我所知，有这么一家拥有 2000 名员工、价值数 10 亿美元的电子游戏公司。我敢打赌，不管你是否自认为是游戏玩家，你都玩过他们的游戏。他们在这方面可谓冷酷无情。如果有人对一款新游戏有一个想法，他们会将其作为首要任务放在其中一个团队的待办事项清单中。在一个月内，开发出最低限度的可行游戏产品，将其投入市场，衡量市场反应和可能的增长，决定是终止它还是投入更多时间去强化它。扼杀一款游戏——决定不做什么，发现游戏的愿景是错误的——都被视为非常有价值。

你必须以一种与组织结构图完全相反的方式来建立激励机制。在传统组织中，奖励是为了激励部落文化和自身利益。在 Scrum 团队中，你必须奖励想要的行为，不能容忍不想要的行为。团队中必须有一套体现、支持并大力倡导的价值观。

人类心智中一种不幸的特性

我们都是骗子，我们都会撒谎，但并不是所有人都一直撒谎。有一些有趣的研究表明，大多数成年人不会说那么多谎。你经常听到的数字是人们平均每天说谎 1~2 次。但请记住，这是平均值。谎言的分布很有趣：大约一半谎言是由 5% 的人说的。60% 的人在 24 小时内根本不说任何谎话。

但这只是平常的一天。在特定情况下，几乎人人都说谎。一项研究表明，在求职面试中，90% 的人说谎。这也许不是彻头彻尾的谎言，也许只是在这里或那里掩盖一下真相，但这种谎言是有意识的，有着明确的欺骗企图。青少年是撒谎的一大群体。82% 的人承认至少在 4 个话题上对父母撒谎：金钱、酒精、朋友和聚会。不忠？嘿，偷腥者无不撒谎——这就是全部。在匿名调查中，92% 的人表示对现任或前任性伴侣撒谎。我估计剩下的 8% 说自己没说谎的人也在说谎话。

撒谎的一个重要事实在于：说谎行为会改变我们。我们的神经随着每一次欺骗而变化。杜克大学和伦敦大学学院的几位科学家决定查明我们说谎时大脑内部发生了什么。科学家们把人置于核磁共振成像机下，让他们玩一个游戏，对自己的伴侣撒谎。人们第一次说谎时，我们的老朋友杏仁核就介入了，释放出一种化学物质，让我们产生熟悉的恐惧感和负罪感。

随后，研究人员更进一步，开始奖励说谎者。研究人员给他们一小笔金钱奖励，因为他们对伴侣撒了谎，而且骗过了伴侣。一旦人们开始因为撒谎和不被抓而得到奖励，杏仁核驱动的负罪感就开始消退。有趣的是，谎言越是伤人，负罪感就越会快速消退，对说谎者就越是有利。于是，人们开始越说谎越起劲，越说越离谱儿——尽显"滑坡效应"。

研究人员在一篇名为《大脑适应不诚实》的论文中总结了研究发现，得出如下结论：

> 研究结果显示，经常撒小谎可能带来危险。观察发现，商业、政治和执法等领域经常出现此类危险。这些见解可能对政策制定者设计遏制欺诈的措施有所启示。尽管谎撒得很小，但小的谎言会触发一个过程，让你不断撒更大的谎。

这是一个讲述诱惑如何引导人从伊甸园走上堕落之路的经典案例。与夏娃的故事不同的是，这一次故事是由大脑化学反应书写的。管理撒谎的功能开始一点点关闭，直到完全失效。如此这般，一个诚实的人，慢慢把自己变成彻头彻尾的欺诈之徒。

这有点令人心生不安，不是吗？我猜你现在正在回想最近说过的所有谎言，在思考自己是否也跨越了某种门槛，做了明知道会伤害别人，却身不由己去做的事情。这是人性中相当令人沮丧的一部分。

撒谎也是人性中很重要的一部分，但这种情况实际上不难改变。你可以通过不奖励谎言，转而奖励其他行为，例如，遵守道德准则的行为。在 Scrum 中，我们把应该奖励的道德准则罗列出来，构成 5 条 Scrum 价值观。如果想成为一名领导者，你需要确保这些行为得到奖赏，没有欺骗发生。

Scrum 价值观

在多年的 Scrum 过程中，我们越来越清楚地认识到一个开放、透明和有效的组织需要特定的价值观。这套价值观有 5 条，就像框架本身的单个元素一样，这 5 条内容相互交错，相互构建，是 Scrum 的命脉。所有其他部分，事件和产品，离开了这 5 条价值观，就都是空的。

当你走进一家公司的大门，你知道这是一个很好的工作场所，这里充斥着吸引人们来此工作的能量。只有 5 项 Scrum 价值观都到位，才能让一家伟大的公司成为一个有趣的地方，致力于让伟大发生。

承诺

　　Scrum 团队中的每名成员都必须致力于承诺，致力于彼此，致力于试图做出的改变，致力于完成每个冲刺的工作，致力于创造有价值的东西。承诺并不等于简单地说我们会努力做到这一点，我们会努力完成工作，我们会努力做 Scrum。承诺的意思是说我们将尽最大努力。

　　改变是困难的，没有承诺，根本做不到。但是，人们致力于真正改变只是第一步。人们仍须致力于不断追求，成为更优秀的人、更优秀的团队，成为更好、更成功的公司。

　　人类心理最强大的动力之一就是把有价值的工作做好，在创造价值时获得满足感。在 Scrum 中，承诺不断尝试尽最大努力是至关重要的。没有这些，什么都不起作用。

　　通常，人们会说，承诺带来的压力太大，无法承受。因此，他们退而求其次，说他们会努力的。但是，没有承诺的努力意味着你肯定不会赢得世界杯或超级碗。如果团队中没有人致力于一个目标，就不会取得成功。

　　没有承诺，其他价值观统统失去了重要性，Scrum 也失去了重要性。一切都始于人们对自己和对彼此的承诺。工作应该快速、简单、有趣。如果你不开心，就是你做得不正确。想要做得正确，需要以不同的方式工作，以不同的方式思考。

　　在里卡多的餐厅，大家彼此致力于完成工作，这里可以明显感觉到这种承诺的氛围。他们所做的最大改变是，即使他们已经扩展到经营多家餐厅，但每个人都认为他们在携手合作，服务顾客。"因此，我们现在所做的是，所有团队成员，不管在做什么，一旦餐馆忙碌起来，都必须服从大家共同的目标。"里卡多说。乔白天可能在市场部门工作，但是如果前堂的人喊，说他们要忙起来了，他就会放下手头的工作，跑上楼，去洗碗或收拾桌子。不是每天都这样，但真忙起来时，服务员、厨师和洗碗工都知道团队其他人和他们在并肩战斗，这是他们的承诺。

我希望一直都这样。但要做到善始善终，需要专注。

专注

团队在承诺了每个冲刺所决定的工作之后，需要专注于实际完成该工作。生活中，人为干扰，诸事纷纭，会不断使我们的注意力脱离正轨。老板可能会要求他们做这做那；销售部的朋友只需要他们帮个小忙。只是小事噢，都很容易做到。哦，不会花多长时间的。不就是一件事嘛，做就做了，不在待办冲刺清单中也算不得什么。

朋友们，这是一条让你一事无成的路，Scrum 的目标是用一半的时间完成两倍的工作。如果没有极度的专注，就无法做到这一点。在 Scrum 中，你需要致力于在短短一两周内交付价值，必须全神贯注才能做到这一点。

团队需要专注于正在做的工作和想达到的结果，必须专注于不断进步，其他一切都是噪声。生活中，我们都有过处于正在状态的时候，工作如行云流水，似乎不费吹灰之力的经历。此时进行创造，工作与团队完美同步。我们都有过这样的经历，都希望一直有这样的好状态，但好状态是离不开专注的。

这让我想起了一位小说家，一位相当优秀而且多产的小说家。每个工作日，他都按时起床，去办公室，关上门，8点钟整准时开始写作，心无旁骛地写上4个小时，方才停笔。"有些日子缪斯女神会出现，"他说，"有些日子缪斯女神不会出现。倘若我不坐在那里专注于正在尝试的工作，缪斯女神就永远没有机会出现。"

开放

Scrum的支柱之一是透明度。会议是开放的，待办事项清单是可见的，以便了解你要去哪里，什么时候到达那里。每个人都知道发生的一切，每个人都需要被倾听。只有这样，你才能真正明白什么时候能完成任务。

传统上，人们几乎从不知道什么时候会交付产品。当然，他们有日期和承诺，但几乎总是搞错，几乎总是无法如期完成目标。20世纪90年代，微软公司甚至到了这样的地步，他们会说：我猜迟早会完成的，到该完成的时候就完成了。在我访问过的许多公司里，人们给所有的项目都标上标签，有绿色的，有黄色的，有红色的。开始几个月里，所有项目都是绿色的，直到项目应该完成的几周前，绿色标签突然都变成了红色。尽管这种情况每次都发生，每个人依旧表现得很惊讶。每开一个班，我都会询问这方面的问题。学员都承认，我讲的情形他们都切身经历过，承认后便是苦笑。我问他们为什么一直这样做时，他们实在找不到很好的答案。我告诉他们这很愚蠢，他们也都没有异议。但他们依旧执迷不悟，依旧隐藏真相，依旧老调重弹，因为他们习惯于老一套。

公开透明是克服这种不确定性的关键。通过使工作可见、使目前的进度可见，可以开始基于数据进行计划，避免依据主观意见计划目标。

当今世界，很多工作都是无形的。工作可以是思想，可以是代码，可以是设计，也可以是对棘手问题的思考。人们需要把不可见的东西拉进聚光灯下，明确正在做什么工作，谁在做这件工作。

在里卡多的公司，透明性对公司盈亏有直接影响。如果你从未在餐厅工作过，或者没有管理过餐厅，你可能不清楚这一点。餐厅必须做又最容易做坏的事情就是安排工作日程，安排员工轮班往往很耗时。要确定谁能上哪一个班，要打电话确定那个班是否有人可用。每个位置好不容易安排好了，还要为吧台缺一个人手而抓耳挠腮，必须挖来一名新调酒师。安排工作日程确实让人抓狂，我做过这种工作。

里卡多餐厅每周营业 7 天，每年营业 350 天，供应午餐和晚餐。可以想象，日复一日的日程安排难免成为一项艰巨的任务。

里卡多所做的，只是在墙上挂一张巨型图表，列出班次和需要的员工数，让团队成员拿出反映工作班次数量的便笺纸，让大家自行解决日程安排。一开始，仅用一小时左右就安排好了一个月的班次。

"我们完成后，还剩下很多便利贴，"里卡多站在贴着便利贴的黑板前说，"我们意识到，经理们一直在为团队成员分配公司不需要的班次，但没有人知道这一点。"他们不是严格按照公司实际需要去安排班次，而是给员工安排额外班次，哄员工开心，一直都是这样做的。当下餐饮业的利润率本来已经够小了，随意额外安排班次实际上能够轻易减少10%~20%的利润。

里卡多把这个问题讲给团队时，没有怒不可遏，也没有下达什么命令。他让事情变得透明，让他们自行解决问题。

"不到两周，团队设法解决了问题，一切都解决了。当班员工数量变得适度，而我的干预为零。"他说。团队很快意识到，因为大家拥有部分股份，如果成本下降，将有更多利润可供分享。

"他们马上就搞定了，"里卡多沉思着，目光短暂移开，稍做停顿，若有所思地补充道，"他们能够自我调节、自我监督自己的轮班模式，并使之奏效。不仅如此，团队最终也更加快乐。"

丰田生产系统的创始人大野耐一曾说过一句名言："没有问题是最糟糕的问题。"问题总是存在的，我们永远被问题包围着。如果不知道问题是什么，就不可能解决问题。

对许多组织来说，这是反主流文化的。人们通常会因为问题的存在而受到惩罚，不管问题到底是什么。可以预见的是，他们会隐藏问题，要么不承认问题的存在，要么假装问题不存在。最糟糕的是，这种模式根深蒂固，人们甚至根本无法察觉问题的存在。在 Scrum 中，必须对问题保持开放，甚至庆祝问题被揭露出来。而且，有时问题很难让人接受！但这很好，因为明确问题是最大的回报所在。正如 Scrum 公司的一位产品负责人希瑟·蒂姆向团队讲的那样："有时候，必须潜入沉船才能找到宝藏。问题总是存在的，只是看不见而已。问题可能很顽固，但珠宝就藏在水底的沉船中。"

倘若没有这种开放性，Scrum 会很容易变样。你可以召集团队在房间里进行每日立会，如果他们只说"我昨天做了这个，今天在做这个"，没有问题，整个活动可能在 30 秒内就结束了。如果团队规模合适，即有 4～5 名成员，时间甚至可以更短些。不要让这种事情发生。在一个正确执行 Scrum 的公司，你会听到很多问题，争吵在所难免。人们与真正的问题搏斗时，会释放出爆裂般的能量。

借用一个最近流行的术语，谈论问题让人们很难有心理安全感。作为领导者，必须创造一种文化，奖励员工谈论问题。否则，人们会撒谎不止。

尊重

要创造一个透明的环境，让工作真正得以完成，人们必须互相尊重，更重要的是，要以诚待人。为了让人们敞开心扉，承认事情进展不顺，需要让人们知道他们不会因为开诚布公受到惩罚。必须用尊重缓解恐惧。

你必须尊重员工的本来面目，既尊重他的长处，又包容他的短处。评判别人的短长是很容易的，尤其是人们不愿承认错误或缺乏知识时，我们很容易以轻蔑的眼光看待他们，很容易认为自己比别人强。没有什么比缺乏尊重更能腐蚀人际关系的了。

在太多的公司里，没有相互尊重。在太多的人际关系中，也没有相互尊重。这源于责怪文化：这是你干的。你在那方面失败了。因此，每个人都在试图掩盖问题，逃避惩罚，于是，谎言遍地。

为了得到坦诚，人们把问题摆到桌面上时，特别是人们把棘手问题摆到桌面上时，你必须尊重指出问题的人。你需要做的是解决问题，而不是解决提出问题的人。

里卡多说，自己最近还在餐馆遇到了这样的问题。公司雇用了一位新员工，但新员工不太达标，所以团队决定给这位员工安排最差的班次。里卡多称之为"曲线解雇"，即给意欲解雇之人制造麻烦，迫使其最终主动辞职。

里卡多问工作人员是否给了他适当的反馈，问他们有没有和他谈过，试着拯救他，而不是把他当作无足轻重之人。里卡多说，换作在过去，自己可能双手一摊，告诉他们：你们想怎么处理就怎么处理吧。但是"Scrum 允许你进行诊断，进而修复问题。现在我只是说：'解决这个问题是首要待办事项，先把这个问题解决了！'"

里卡多说："如果你做出一项决定并付诸实施，只要告诉我们你做了什么，我们会讨论它的进展情况。"他指出，"到目前为止，还没有出现过一个代价高昂的错误。如果说有什么不同的话，那就是顾客更满意了。他们注意到，即使在压力很大的时候，团队也比以前开心多了。"

给人们自由，让他们知道不会受到指责。尊重他们，尊重他们的想法，尊重他们的决定。

勇气

公开，把问题放在桌面上，透明——这需要承担风险的能力，改变需要风险。当我们看到越来越多的公司从传统结构转变为 Scrum 时，管理者忧心忡忡。他们中的许多人没有勇气进行这种转变，因为他们的工作将发生变化，未来将大有不同。

没有勇气，其他价值观都无法起作用。你如果没有勇气面对不利的一面，就不可能忠诚、专注、开放、尊重他人。改变是困难的，改变是有破坏性的，改变可以把长期持有的信念带入新的、惊人的境地，有时甚至是不友善的境地。但有了变革的勇气，领导层就能从根本上重塑公司，以面对现代的、不断变化的、有时令人提心吊胆的世界。

Scrum 有一个一些人没有领会到的好处：建立了 Scrum，就等于安装了一个安全网。你用不着一举投入或承诺一个冲刺以上的工作，你不保证这就是未来的发展方向。你用不着一锤定音，把 10 亿美元一股脑儿砸出去。你不保证工作关联一成不变。你承诺尝试一段时间，观察这种方式是否奏效。如果不奏效，可以尝试别的方式。人们意识到这一点，就卸下了肩头的沉重负担。有了 Scrum，你很快就会发现什么行不通，与其浪费 10 亿美元，不如及早发现自己的错误设想。

重视价值观

在 Scrum 执行不到位的地方，就看不到这些价值观。如果你真想在一半的时间内完成两倍的工作，如果你真想实现潜在的好处，你必须接受它们。

确保你的团队在践行 Scrum 价值观的一种方法是，在冲刺回顾中使用它们。把各项价值观写在白板顶部，在白板中间画一条水平线，对应每一条价值观，让团队为每一个冲刺所做的事情贴上便签：正值贴在线上方，负值贴在线下方。我们经常向新团队推荐这种方法，它能让团队迅速发现哪些价值观需要加强。

最低限度的管理

在你把管理者变成领导者之后，他们需要创造一个确保 Scrum 价值观存在的环境。这是你打击官僚作风的时候，官僚作风拖慢工作的进展，使每个人沮丧。但是，应该维持什么样的官僚结构？从何处着手？

如果你在传统组织中工作，我想其结构大概是像下面这样的。整个组织分为若干业务单位，可能按地区划分，可能按职能划分，可能按业务范围划分。各单位需要什么时，会向项目管理办公室询问，它再向相关业务部门报告。项目管理办公室要求从信息技术办公室，或研发办公室，或其他什么地方得到材料。项目各个办公室都有一批专门的团队，每个团队只关注产品其中的一个部分。就这样，构成一层又一层的层级结构，以及谁向谁报告的层级链条。

这是巨大的浪费，但我现在要关注的是结构本身。所有的报告、交接和链条都是浪费，只会拖慢办事速度。大多数情况下，确实需要一些等级制度，因为你不希望出现混乱，但你需要恰到好处的等级制度——最低限度的管理。

要做到这一点，领导团队首先需要建立执行行动团队，负责改变组织。我通常告诉客户，执行行动团队要能够在没有征求许可的情况下从根本上改变公司。你需要一个能够完成任务的团队，因此，需要法律、人力资源、商业、技术等方面的人才。你可以不拘一格，但是，你为该团队挑选的人，必须是能够坚持决策、毫不动摇之人。因为决定从哪里开始并掌控全局的正是这个执行行动团队。

通常，执行行动团队从各团队控制整个价值流的一个产品开始，从构思到执行，参与整个过程，工作可能只涉及几个团队，也可能涉及很多团队。总之，你的执行行动团队能够独立地向客户交付产品。

让我举一个我的合伙人法比安·施瓦茨的例子。法比安在拉丁美洲各地工作，与他合作的是哥伦比亚德拉蒙德公司的天然气部门。他们想加快钻探气井的速度。其问题不在于钻探，而是在于沟通和协作不足。要么正确信息和文件没有传达，要么决策没有适时做出，故而浪费了大量时间。

他们聘请法比安，希望法比安能想出对策。法比安决定不去碰钻井作业，钻探技术已经相当成熟，而且他们也不打算发明新方法，采用新方法是要花大价钱的。但是，法比安想，就任何项目而言，哪里最容易改变？答案是项目初期。初期不确定性高，变革成本低。

因此，法比安把高级领导层召集起来，组成一个 Scrum 执行团队，成员包括法律部门、环境部门、业务部门和在实地工作的员工，由本地的副总裁做产品负责人。钻一口井要涉及一大堆待办事务，包括勘探、收购、法律、规划、许可等，在挖井之前，必须完成大量的先行工作。

行政行动团队每天开会 15 分钟，负责全部 Scrum 活动：计划、检查、回顾。他们为现场的远程团队设置了视频聊天，发现了一件非常有趣的事情：以前需要几周才能解决的问题，现在只需要几个小时就解决了。整个行动团队都专注于钻探出一口有效的竖井，而不是让每个人都专注于自己那一块拼图。企业士气大涨，透明度增加。改变没有其他方法，只有不断沟通与团队共同努力。

在此之前，他们平均钻一口井的时间为 19 天，最快纪录为 10 天。在采用 Scrum 之后，现在钻一口井，平均需要 6 天。现在的平均速度是以前的 3 倍。他们没有改变任何技术，没有更换任何人员，只是改变了工作方式。

哥伦比亚德拉蒙德公司负责碳氢化合物的副总裁阿尔贝托·加西亚说："Scrum 在我们的组织中实施并取得了成功。今后，我们将在其他特定的石油和天然气运营团队中实施 Scrum，在钻井部门、增产和竣工验收部门、生产设施建设部门全面推广。"

作为领导者，你必须不断审视你的组织，不断做出增量式改变，以实现预期目标。这种工作永无止境。但是，你必须能够消除我们所说的组织债务，即那些阻碍公司发展的规则、壁垒和结构，领导层每天都应该关注于此。

你还必须建立一种机制，让各团队发现障碍后反馈给执行行动团队，立即得到处理。每一天，整个组织的各位 Scrum 主管都应该汇集团队无法解决的障碍。这应该很快，正如各个团队每天有 15 分钟的立会一样，各个团队也派一名代表去参加规模化每日立会，每次 15 分钟。如果做得好，1 个小时内协调几千人不成问题。

举一个简单的例子。我在本书第 1 章提到萨博公司如何从头开始建造鹰狮 E 型战斗机，那就是规模化每日立会的最佳案例。

每天早上 7:30，每个团队都进行每日立会。

7:45，来自这些团队的 Scrum 主管们带着无法在团队层面解决的障碍和相关性问题，去参加规模化的每日立会。

8:00，这一层级的代表带着他们无法处理的问题去参加上一个层面的每日立会。

8:15 是另一场。

8:30，执行行动团队，即整个项目的领导，得到了只有他们能解决的问题。

执行行动团队的任务是在 24 小时内把问题处理好。他们在不到一小时的时间内协调了大约 2000 人。领导层将其视为关键的成本控制。他们认为自己的本职工作是尽快把飞机送出门，而任何让团队减速、让工作无法达到行云流水状态的事情，都是成本。

但也许你不需要五层团队，某些领域可能需要二层，其他领域可能只需要一层。你只需要协调必须协调的事情。你需要层次和结构，但层次和结构不宜过多，刚刚好即可。领导层需要与组织底层建立快速反馈循环，这将赋予你快速腾挪、快速应变的能力。速度是力量倍增器。

革新做事方式

速度很重要，此理天下皆同。想象这样一幅图景：你开一家医院，一家优质医院。不，一家出类拔萃的医院，医疗护理和治疗效果都首屈一指，员工中有诺贝尔奖得主。

医院有几十个手术室，即几十个可以拯救生命和治愈伤口的房间，可以在每个房间中做多少次手术决定医院可以帮助多少人。

听着，我知道讨论手术问题并不迷人。但对于医院来说，一个关键问题是需要多长时间来清理和重置手术室。这里的清理指的是全面彻底的清洁。灯、地板、墙壁，整个环境。保持手术室清洁是生死攸关的大事。

清理和重置手术室大约需要1个小时。几十年来一直如此。从上一个病人被"推出去"到下一个病人被"推进来"，大约需要1个小时。

所以你——嗯，他们，这家医院——打电话给我们，看我们是否可以与他们的流程改进专家亚历克莎合作，提供帮助。

Scrum公司的凯文·鲍尔是一名前海军陆战队员，一名爵士乐迷，也是一个将整个过程分解后提高效率的人。他把这1小时看成是一项挑战。

这可不是一项简单的任务。想想看，不仅仅是给房间消毒，他们需要与下一个医疗团队、外科医生、麻醉师和护士协调，以便在正确的地方设置正确的手术器械。

第一天，凯文观察了整个过程。"一开始我们只是和清洁工一起工作。"凯文回忆道。第二天，他问清洁队这个问题："你们认为可以做些什么来改进这个过程？"

他们起初不愿回答，但是后来想法开始浮出水面。长期以来，清洁工每人专职负责一项任务。他们很快意识到，如果大家合作完成同一个任务，就会更快地完成。重复这样的合作，那么清扫房间所花费的总时间就会显著减少。他们进行了 2 天试验，一次又一次获得成功。

然后，凯文扩大了试验范围，让其他参与每个手术室运转的人加入进来。从手术小组之间的交接，到护士按下按钮，表示是时候送下一个病人进来，效率全面提高。

结果很清楚。从上一个病人被"推出去"到下一个病人被"推进来"的时间缩短了一半。耗时从平均 1 小时缩减到半小时，有时更短，而且没有牺牲质量。

我可以告诉你医院因此节省了多少钱，或者多赚了多少钱。但对我来说，这些都不是特别重要。凯文使这家医院能够挽救更多的生命，治疗更多的病人。不是通过改变技术，也不是通过添加员工。仅仅是通过观察小事，关注过程。

并且拒绝相信"不会有改进"。

哦，这花了两周时间。

能力越大，责任越大

作为领导，你不仅要支持你的团队，清除他们的障碍，让他们工作得开心，还必须让他们负起责任。在标准的年度绩效评估中，从 50 个维度打分，分值从 1 ~ 5，只有 10% 的员工能成为优秀员工，因为很明显，员工会整齐地呈钟形曲线排列。你知道这种曲线的样子，它唯一的作用就是让人们失去动力。我们在

Scrum 中是怎么做的？Scrum 公司的金姆·安泰洛为一家大型石油服务公司整理了一份绩效评估清单，从那时起我们就一直在使用它。你只需要问几个问题，数据也很容易找到。

Scrum 主管

他们真的在执行 *Scrum* 中的 *3 种角色、5 种活动、3 种工具、5 个价值观*吗？

是否有团队工作协议？团队是否记录了他们的团队规范和行为？

速度被测量了吗？是不是每季度至少增长 *10%*？

团队幸福感是否被作为主要指标来衡量？

他们是否在改善公司的 *Scrum*，而不仅仅是改善他们所属团队的 *Scrum*？

他们在不断学习吗？

产品负责人

团队的速度能带来更多的价值吗？换言之，是不是因为正确的东西在正确的时间被制造出来并交付给客户，所以在同样的工作量中赚了更多的钱？

他们的产品或服务是否符合成功的关键标准？

他们是否会很快淘汰不符合成功标准的产品？

（最后这一点非常重要。之所以很多项目都像僵尸一样缓慢笨拙，经年累月、狼吞虎咽地吞噬人员和金钱，是因为没人愿意承认这些是不明智的项目。）

团队成员

他们制造的东西对吗？质量在提高吗？

他们是否变得精通不止一件事，从他们有限的专业领域扩展到其他领域？

他们是否向其他团队成员传授他们的专业知识？

领导者

他们是否提供了清晰的愿景？

他们是在培养人才、发展事业吗？

向他们汇报的人对来上班感到开心和兴奋吗？

他们的团队是否以可能的最佳方式组织，以实现价值？

他们的团队是否拥有所需的全部技能和工具？

他们是否要求产品负责人和 *Scrum* 主管负责?

Scrum 给人以很大的行动自由。团队决定如何工作,工作多少。团队被期望管理自己,组织自己,这一点很重要。但 Scrum 的关键是交付产品,他们带来效果了吗?

你需要多条通往领导力的道路。领导力不是你管理的人数,而是在你领导下产生的结果带来的影响力。你希望员工能够在你的组织中成长,他们如果能够提高业绩,就会受到团队尊重。你需要有清晰的成功之路,专注于结果,帮助客户成功,创造伟大的产品和奇妙的想法,而不是专注于张牙舞爪往中层管理层中挤。

说到中层管理者,咱们就谈谈他吧。

消极对抗者

很容易说服团队去实践 Scrum,它让生活更美好。团队会找到更多的乐趣,会少很多挡道的说教。员工可以放手做很棒的事儿,放手做一开始就点燃了他们职业生涯的伟大梦想。

高层领导通常也很容易说服。用一半的时间完成两倍的工作?算我一个。更快乐的人,更快地进入市场,保护自己不受干扰?我报名参加。

不过,中层管理者……可能是难啃的骨头。在任何试图转型的公司中，他们都是顽固的阻力。造成这种情况的原因有很多，但你必须非常清楚这些原因，并迅速处理。否则，中层管理者将彻底破坏一切改变的努力。

首先，中层管理者会感觉受到威胁，心想：Scrum 可能会暴露出组织长期存在的问题，这些问题可能是我造成的。我对整个组织的透明度不敢打包票。

另一种原因可能是：按如今的情况判断，我很有把握获得奖金，得到提拔。可一旦转型，如果我不擅长 Scrum 怎么办？我的工作会有危险吗？在某种程度上，中层管理者是对的。他们的角色肯定面临风险。你只需要很少的中层管理者，这并不意味着要把他们全部解雇，但你确实需要考虑让他们如何通过提高价值来工作，而不是通过管理别人。

他们会消极对抗，用不合作来威胁你；会当面一套，背后一套，在公开场合支持变革，在幕后散布毒药，甚至在组织的高层也可能发生这种情况。他们如果不相信变革，也就无法领导变革；他们会消极怠工：哦，过一会儿上头就不会盯着我了。这一切都会过去的，我会低头假装改变。我要明哲保身，奋力图存。

对这种消极对抗行为一秒钟也不要容忍，你真正需要的是那些对工作方式做出重大改变充满热情的人。有些人就是不愿意改变，客户问我如何应对时，我回答：上班是有规矩的。有些规矩必须执行，不可随意。值得因为迁就某个人的不适而把整个公司置于危险之中吗？这需要你做出抉择。

改变文化，挑战极限

无论如何，对我来说，令人惊奇的是，一旦你重塑了你的组织，一种新的文化就会出现。组织、家庭、个人，都是复杂的适应系统，理解每一个单独的组成部分并不能让你理解整体。文化从不同部分的相互作用中产生，交互作用可能会非常令人吃惊，最终的状态可能远远超出你目前的想象。

当你把自己从僵硬的组织运行模式中解放出来时，就会改变你的能力。最终，你不仅能完成你想做的事情，还能做到以前不敢想象的事。

记住，正确的组织架构将会出现。不要认为仅仅通过改变一堆工作头衔，Scrum 就可以真正发挥作用。认为自己能提前知道答案，这犯了一个根本的错误。要知道，答案是无法预知的。当你努力更快地为客户提供更多价值时，正确的组织架构就会出现，这才是真正重要的。就像 Adobe 公司、阿姆斯特丹国立博物馆、苹果、谷歌或亚马逊一样，你需要足够接近用户，了解如何组织自己，尽可能为用户提供最佳体验、服务和产品。

目前，里卡多开始了两个新餐饮项目，完全按照 Scrum 经营。"所有工作都按照 Scrum 来做。设计流程，招聘，一切。"他说。他兴奋地谈到餐厅和厨房都建立了稳定的团队，每周冲刺。大厨出任产品负责人，Scrum 主管由第一个进门核查障碍的人担任：电话和电脑好用吗？货交付了吗？今天有什么情况可能会拖慢团队的速度？

里卡多说，如果没有 Scrum，他可能早就离开餐饮业了。现在，他学会了扩大规模，两个餐馆，三个餐馆，更多餐馆……世界再次海阔天空。

随着组织变得敏捷，短周期的反馈循环不断为决策提供信息，整个组织活跃起来。我们原本有能力做很多事情，但我们却阻碍了自己，我自己也不例外。我理解为什么。我们变得如此习惯于当前的思维方式，习惯于当前的行为方式，习惯于彼此沟通的方式，以至于就像我们对所呼吸的空气视而不见一样，我们对自己的能力也视而不见。但是，通过采取具体的、循序渐进的步骤，一点又一点，一周又一周，我们可以使自己变得卓越，使我们的组织变得卓越。

回　顾

组织即文化。文化决定上限，僵化的结构造就僵化的文化架构和产品架构，这使得改变更加困难，在团队层面上是这样，在机构层面上更是如此。

变操纵为领导。领导者需要有一个令人信服的愿景，一个令人信服的方向，一条通往这个未被发现的家园的道路。他们需要把这些传达给员工。无论是改变世界，以一种新的方式提供更好的产品，从而打开市场，还是简单地以比以往任何时候都快的速度推出伟大创意，领导者都需要员工对正在做的事情感到兴奋。

重视开放性和透明度。当今世界，我们的很多工作都是无形的。工作可以是思想，可以是代码，可以是设计，也可以是对棘手问题的思考。你需要把不可见的东西拉进聚光灯下，明确正在做什么工作，谁在做这件工作。公开和透明是克服不确定性的关键。通过使工作可见，使目前的工作进度可见，我们可以开始基于数据进行计划，而不是凭借主观意愿计划目标。

要勇敢。如果你没有勇气面对不利的一面，你就不可能忠诚、专注、开放、尊重他人。改变是困难的，但有了变革的勇气，领导层就能从根本上重塑公司，以面对一个现代的、不断变化的、有时令人提心吊胆的世界。

待办事项清单

✔ 你如何描述你的组织结构？确定你的组织结构是如何对你的产品或提供的服务产生积极或消极影响的。你将如何改进你的组织结构？

✔ 你是管理者还是领导者？好好想想这个问题。你是发号施令还是授权？你是强制遵从还是分享你的愿景？你是做决定还是改进决定？

✔ 列出你工作场所的 3 项组织缺陷，思考如何消除这些缺陷。

✔ 在日常工作中使用 Scrum 价值观，鼓励别人这样做。思考 Scrum 价值观有何作用。

7

9种敏捷工作模式，扫清一切工作障碍

"率先完成任务的团队加速更快"是Scrum最基本的模式。一切都为了速度，真正的目标是迅速提供高价值的产品。做好Scrum的秘诀就是执行这9种工作模式，识别并清除一切阻止你和团队提高速度的障碍，全神贯注实现价值。

有时候，解决问题最困难的部分就是绞尽脑汁去思索用什么词描述问题，更不用说提出解决方案了。克里斯托弗·亚历山大是一位极具影响力的建筑师。他试图谈论为什么某件东西在一幢建筑或一个地方起作用时，就受到了这样的困扰。有时候有些地方就是感觉对劲儿，这样使人感觉良好的地方可以是一个房间，可以是一个街角，也可以是一个工作场所。他希望有一种语言，能清楚地描述在建筑设计中可以做的事，来创造他所说的"无以名状的品质"，使一个特定的地方具有柏拉图式的完美。

亚历山大的设计理论重塑了社区、建筑和系统的建造方式。20 世纪 70 年代初，亚历山大试图为常见建筑问题定义通用解决方案，在多种环境下这个方法每次都能奏效。他希望人们能够清楚、简洁地描述问题。1977 年，他出版了专著《建筑模式语言》，其中列出数百种建设通用模式，其本身足以构成一种语言。

每个建筑模式都描述了一个在社会环境中反复出现的场景，然后描述该场景的核心解决方案。这样，就可以无数次地使用该解决方案。

举一个亚历山大在书中所写的例子：

模式150：等候之处

等待的过程蕴含内在的冲突。

亚历山大为目前的等待状态哀叹。我们等公交，候诊，候火车，不一而足。具体在等什么并不重要，总之我们花很多时间等候。这种经历特别差劲儿，你又不能完全退出，因为我们不确定什么时候等待的事情会发生。我们不能先离开，再回来，只能被困在等候的地方，而典型的等候室通常又有点沉闷。但是，亚历山大问道，如果我们能改变这种情况，让等待成为一种积极的体验，一段有益的空闲时间，结果会怎么样？如果"在周围环境的支持下一个人能够屏气凝神，入静，进入冥想状态"呢？

因此，等候模式为：

在需要等候之处（车站、预约处、候机处），创造一种让等待变得积极的环境。把等待和其他活动，如看报纸、喝咖啡、打台球、选购马蹄形吉祥物等，融合在一起，吸引人们的注意力，避免干等在那里。也可以创造一种环境：创造一种可以让等候者陷入遐想的地方，使之安静，进入积极的沉默。

等候模式又可链接到其他模式，如街道橱窗模式、街道咖啡馆模式和办公处过道模式。每个模式都链接到另一个模式，从而创建解决方案的语法框架。正如家父杰夫·萨瑟兰所说：

> 建筑模式语言是一种尝试，它通过一组由上下文知识产生的相互关联的表达式，来表达更深层次的智慧。它超越一系列的过程，去寻找在过程中不断重复的活动或特点，以期找到有效的方法。它是一个相互关联的整体，当它被连贯地应用时，就会创造出"无以名状的品质"。将多个模式组合在一起所产生的整体，大于单个模式的总和。

率先完成任务的团队加速更快

几年前，视界风险投资公司的几个人带着一个难题找到 Scrum 公司。他们认为 Scrum 是关于速度的：团队的速度有多快？能否在每一次冲刺中完成更多工作？因此，他们给团队增加了足够的待办事项，目标是在一个冲刺中完成，不过肯定要干到最后期限才能完成。接下来，他们注意到一种情况：团队保持同样的速度，完成了同样多的工作，但是没有实现 Scrum 的设计目标，即令生产力获得 4 倍提升，其他早早完成冲刺的团队却变得越来越快。最终，他们意识到 Scrum 不是关于速度，而是加速度。

其模式如下：

> 率先完成任务的团队加速更快。
>
> 经常在冲刺中投入太多工作的团队无法完成工作。
>
> 无法达到冲刺目标阻碍团队进步。

我们与 Scrum 模式语言项目的一组专家合作，提出一种用于高生产力团队的模式语言，已经在多个公司、多个领域多次使用。这些实践是良好执行 Scrum 的核心。

没有信息，依旧可以获得数据，没有数据就不能获得信息

举一个例子：根据《平价医疗法案》，如果再入院率高或医院感染率高，医院就可能会受到联邦政府惩罚。上面小标题这句话是由计算机科学家、小说家和大数据大师丹尼尔·凯斯·莫兰创造的，它被数据科学家像咒语一样再三引用。数据问题也是 3M 健康信息系统（3M HIS）试图为医院、保险公司和健康计划解决的问题。这是从量产型医疗向价值型医疗转变的一部分。量产型医疗按手术和检查的数量向医院支付费用（论量计酬模式），价值型医疗根据病人治疗的结果来支付费用（衡量效果而不是过程）。2017 年，有 751 家医院因不符合新标准而被削减医

疗保险报销金额。

其中一个标准是可预防性再入院，这指的是患者去医院治疗某种疾病出院后，在几天或几周内再次因此种疾病入院治疗，而患者的疾病本来可以通过更好的护理、更好的出院计划、出院后更好的随访，或者住院患者和门诊医疗团队之间更好的沟通来预防。

因为极少数患者反复住院治疗，提高了医院的再入院率，如果有什么方法能够知道哪些病人可能会再入院就好了。当然，关键的问题是，如何知道一个病人是否可能属于会再入院这一类。办法是进入 3M 健康信息系统，这是一个庞大的大数据库，通过这一系统，可以查看所有的数据，从医生的病例记录，到实验室报告，再到人口统计数据，应有尽有，进而帮助医院采取主动而非被动措施，为患者提供所需要的支持。人们更健康了，不再有那么多的人被反复推进推出急诊室，成本也降低了，大家都有更好的结果。很酷，不是吗？

2014 年 9 月，我和家父出版了我们的第一本书《敏捷革命》。当年秋天，许多人的办公桌上都有了这本书。其中两个是 3M 公司的大卫·弗雷齐和塔米·斯派洛。大卫是首席技术官，塔米是大卫的副手。他们把这本书分发给管理团队的每个人，然后给我们打了个电话。

他们 Scrum 的结果并不好。2015 年 5 月，他们让我们去评估他们 Scrum 的状态。他们还面临一场迫在眉睫的危机：2015 年 10 月，他们的一款核心产品将不得不进行彻底的改变，他们对在最后期限前完成这项工作的信心并不高。

被鸭子撞到及后续状况处理

W61.62XD 是一个代码，表示不幸被鸭子撞到以及随后就医治疗。姑且不谈事件本身，只探讨代码。这段代码非常重要，是《国际疾病分类第 10 版》（ICD-10）的一部分。有成千上万个这样的密码，具体讲，大约有 14.1 万个。世界卫生组织用这些代码对可能使人体出毛病的任何情况进行分类，例如 V97.33XD 表示被吸入喷气式发动机及后续状况处理，Y93.D 表示涉及艺术和手工艺品的活动，V91.07XD 表示一种在美国常见的悲剧事故，即因滑水板着火而烧伤及后续状况处理。

2015 年，美国的国际疾病分类系统将由《国际疾病分类第 9 版》升级为《国际疾病分类第 10 版》。第 9 版大约有 1.4 万个编码，小于第 10 版一个数量级。疾病分类代码对医疗保健系统非常重要，疾病分类数据可以提供宏大的视野，让使用者得以洞见大千世界里人们实际可能遭遇的种种事故。疾病分类数据也是保险公司决定赔付什么以及赔付多少的依据。

当时，大约有 5000 个客户使用 3M 的健康信息系统来搜索所有这些代码，以便医院和诊所能够从保险公司或政府处获得偿付。升级到第 10 版的截止日期是 10 月 1 日，时间紧迫，3M公司实现如期升级的前景看起来不太好。

那年夏天，我们开始和 3M 公司相关部门的领导层合作。就在那时，塔米得到一个新头衔：Scrum 总监。现在，她还负责监督质量和商业化。我们告诉 3M 公司的第一件事是，他们不知道如何按轻重缓急行事。尽管升级到《国际疾病分类第 10 版》显然是他们的首要任务，他们却让人们同时做太多的事情。为赶在最后期限前完成任务，我们与塔米和大卫合作，成立 5 个小组。情况危急：截止日期不是可选的，他们的旗舰产品要么成功，要么失败。

10 月 1 日到了，3M 医院信息系统公司的生命之灯没有熄灭。在接下来一年里，他们使用"先完成任务的团队加速更快"的模式，将速度提高了 160%。现在，他们有数百人加入 Scrum 团队。塔米说，这种模式的作用是迫使你的团队跟踪所做的事情，排除"拦路虎"，集中精力做项目："有了这种专注，你可以更快地完成任务。目标不是让团队负担过重，而是让团队能够完成工作。"

所以，让我们来看看有哪些模式可以使团队加速。

稳定的团队

利益相关者最喜欢能够及时满足他们期望的团队。团队需要做必要的事情，减少变化造成的干扰，一心完成预期。

因此，要保持团队稳定，避免在团队之间来回调动人员。稳定的团队更了解自身的能力，这使得业务具有一定的可预测性。要尽可能让团队成员致力于一个团队的工作。

稳定团队的状态通常是如下这样的，这也许听起来很熟悉。你和一个很棒的团队一直在做一个项目。你们有凝聚力，相处融洽，攻坚克难，在工作上攻城略地，无异于一个为速度精心调谐的引擎。倘若一生中至少能有一次和这样的团队一起工作，必将是一次难忘的美妙经历。

这让我想到一群人，他们在波士顿的 WBUR 公共广播电台推出并制作了一档叫作《人脉》的直播脱口秀节目。我们坐在一间办公室里，不断接打电话，噼里啪啦地打字制作脚本，想出有创意的新点子，每天推出两档节目，每天都这样，没有休息，话题也没有重复过。老兄，这工作真有趣。我们成了城里的谈资，你可以走进任何一家酒吧，人们都会讨论当天的《人脉》节目。这工作里面透着一股兴奋劲儿，我们经常争吵，但笑得更多。我把秘密信息写进脚本，只有我的女朋友（现在的妻子）能够领会。当有一位嘉宾在 15 分钟后才返回到节目中直播时，我们会立即投入行动，在短短几分钟内想出另一个点子，填补这 15 分钟。我们都很了解彼此的才能和思想，都知道即使我们在不看人的情况下传球，肯定也会有人接住。我永远都不会忘记这段经历。

但会发生什么呢？在大多数公司，项目结束之后，那个了不起的团队就成了记忆。你还记得那个团队的存在吗？他们把团队分开，为下一个项目组建新团队。但是，你知道吗？要打造一个高效团队，需要磨合很久。

布鲁斯·塔克曼是俄亥俄州立大学教育心理学教授，他最有影响力的著作是 1965 年发表的一篇论文，题为《小型团队的发展顺序》(*Developmental Sequence in Small Groups*)。在这篇论文中，他综述了数十项关于团队组建的研究，发现团队在成为团队的过程中要经历 4 个阶段。他称第一个阶段为"形成阶段"，将其描述为团队成员互相测试的时刻。成员测试人际关系的边界以及团队其他成员如何处理工作。

塔克曼这样描述第二阶段，即"风暴阶段"：

> 第二阶段的特点是团队会出现冲突和两极分化，成员会出现情绪反应。这些行为是对团队和任务的抗拒，被称为风暴阶段。

我对"成员会出现情绪反应"这样的措辞心有戚戚焉。人们彼此间大体上愤愤不平，觉得有必要在自己和他人之间创造边界，划定界限。外在表现通常要么是暗气暗憋，要么是最终忍无可忍。你已经做到了，就算做到又怎么样，每个人都做到了。

第三个阶段是"规范化阶段"，是争论得到解决的阶段。边界已经确立，团队开始建立凝聚力，人们开始认同自己的团队。团队找出最佳合作方式后，人们会扮演新的角色。团队建立了默认的工作方式。

塔克曼将第四个阶段描述为"表现阶段"，团队结构成为团队如何完成工作的工具。对此，我也深有感触。团队的凝聚力，帮助团队完成伟大的工作。谁来做什么不那么重要了，重要的是团队作为一个整体来做什么。

这种精诚合作不会很快发生。建立信任，了解彼此，创造积极的文化、可接受的行为和合作方式，这一过程需要很长时间。罗马非一日建成。天哪，倘若深入研究，可以发现这里面有很多原因。

第一个是"共享心理模型"（Shared mental model）的概念。我不想说枯燥的科学语言，但基本理念是这样的，当一个团队对其成员有足够的了解时，就能预测其他团队成员需要什么或者要做什么。他们已经对群体动态有了不少的理解。

另一个关于为什么长期合作的团队会成功的理论是"交互记忆"（Transactive memory）。交互记忆最初是在研究情侣关系时提出的（在文献术语中，情侣关系被表述为一种"二元"关系，我将把我的下一个乐队命名为二元关系），指的是共同的经历如何创造记忆，又如何需要双方合作才能唤起完全的回忆。一个经典的例子是，一个伴侣问另一个伴侣："我们是在哪里撞到那只鸭子的？"对方回答："哦，你是说吉姆和莎莉在那里时，你有点喝醉那次？""就是那次！""哦，那是在布鲁克林。"

作为一个团队，团队将记忆片段存储在不同的成员身上。团队成员为此互相依赖，他们可能甚至没有意识到彼此相互依赖。但是，共同的经历建立共享的记忆，创造出一种只存在于人际关系中的新事物，野中郁次郎教授称之为"场"。有趣的是，科学表明，如果群组太大，这种情况就不可能发生。共享记忆网络有大小限制，以7个以下为佳。嗯……这一规模与Scrum团队的规模相同。这不是很有趣吗？

有人对这方面的文献做过一次元分析，对所有研究进行调查，得出如下结论：

> 除了熟悉、共同的经历和面对面的互动外，"交互记忆"的研究还没有充分发展，不太能够为如何在团队中增强凝聚力提供具体的建议。

熟悉度、共享体验和面对面的交流：这正是 Scrum 试图构建的框架。这一框架不一定非要通过偶然的快乐得到，可以有目的地创造。稳定的、一体协同的、跨职能的团队——这就是秘诀，并不复杂。

我可以继续讨论构建团队凝聚力、团队自豪感、领导力效果、培训等。为了帮助建立伟大的团队，人们研究过各种各样的情形。不过，头等大事是建立稳定的团队。

团队稳定的另一个重要因素是团队的奉献精神。不要让人们在 2 个或 3 个，甚至 5 个团队中工作，任务分散将使团队的生产力减半。

团结软件开发公司利用大型的在线 Scrum 工具，研究了 7.5 万多个团队后发现，如果一个团队有完全致力于该团队的成员，那么其工作效率几乎是由来自不同团队的成员组成的团队的 2 倍。

道理显而易见，但每个人都反其道而行：哦，露辛达是唯一懂这个的人，所以她将在 5 个团队中工作。露辛达不得不每天在迥异的环境中轮转，不只是要与不同的工作打交道，还要与不同的人打交道。这无异于要了可怜的露辛达的小命。坦率地说，这种安排不仅效率低下，而且残忍。露辛达根本无法享受团队合作、"场"和共享记忆带来的好处。

在推行 Scrum 之前，3M 公司拥有稳定的团队，但团队成员并不只专注于一个项目。"大多数人必须为 6 个团队或项目工作。"如今担任 3M 公司企业研究系统主管的戴维表示。"我们立即要求至少 80% 的员工致力于一个项目，一举取得了立竿见影的效果，责任清晰了，预期实现了，"他对我说，"可以说，《国际疾病分类第 10 版》项目是一个'机不可失，失不再来'的机会。我们在几周内就扭转了局面。"几个月后，他们拥有了 20 多个团队，没有什么比成功更能说明问题。

不过，塔米也明确指出，有时候太过于纠结稳定的团队也不好。她说，团队应该保持 80% 的稳定性；人们在一起时间过久，会开始停滞不前。通常，当人们跳槽、升职或出现类似情况时，团队中会自然而然地发生一些变化，但这是需要注意的。

最棒的是，组建稳定的团队并不难，几乎可以在一夜之间完成，而且效果立竿见影。

参考过往的工作量来估算目标

个人和团队都是有自尊心的，会为自己设定越来越高的目标，这是人类的天性。团队不自量力地过度发挥自己的能力也是人之常情。结局不外乎有二，他们要么走捷径避免让自己和利益相关者失望，要么无法实现自己的期望。

> **因此，大多数情况下，在最后一个冲刺中完成的任务数量就成了可靠的预报器，可以用来预测团队在下一个冲刺中将完成多少目标。**

预测未来工作量的最佳方式是参考过去的工作量。估算工作量只是衡量一件工作需要付出多少努力的一种方法。大任务算多点时间，小任务少算点时间。大体上，如果团队在上一个冲刺中完成 10 个待办事项，那么在下一个冲刺中就只布置 10 个待办事项。这样做简单易行，但是团队讨厌这样做。人们希望进步，想证明自己可以做得更好。

当然，有时候他们可以做到，有时候却不行。最好是早点完成任务，完成任务后再投入更多的工作，这样更有可能实现加速。无法达成目标会打击士气，即使你明知道目标是自不量力的挑战，也会因为挑战失败而自责。

通常，管理层会坚持制定使员工最大限度施展才能的目标，以推动团队或公司的发展。问题是，如果你说目标是 X，人们会不惜一切代价去实现 X，员工可能尝试走捷径，甚至明知故犯地做错事，使自己看似达到了 X。还记得前面提到的撒谎的事吗？长此以往，不撒谎都难。

我们建议使用最后 3 个冲刺的平均速度，而不仅仅是使用最后 1 次冲刺的速度。速度受很多变量影响，是一个充满噪声的指标，采用平均速度可以减少噪声的影响。

记住，如果承诺什么都做，就无法提早完成任务。Scrum 的重中之重是要学会拒绝。

在 3M 公司，并不是团队勉强承揽了太多工作，而是管理层给团队压了太多担子。"在 Scrum 出现之前，"大卫说，"人们过度投入。典型的情况是，业务部门希望在某个日期前交付，而技术团队无法在该时间段内完成所有请求的工作。"一旦团队掌握了实际的速度数据，他们就能够反驳说，能力所限，我们只能做到这些。速度数据也可以为领导层提供更好的参考，让他们知道到什么时候能够完成哪些工作。

"我确实看到一个问题，"塔米指出，"团队有时会改变估算，以便在冲刺中加入更多的工作，为此不惜牺牲质量。"她希望团队能够后退一步，坚持以往昔的数据为参照，以质量为重，而不是冒进之后再返工修复问题。

蜂群战术

一次做太多事情会削弱速度，有时甚至可以将速度降低为 0，因而从根本上降低个人效率、团队速度或企业福祉。

因此，要将团队最大的精力集中在产品待办事项

清单中的一项上，尽快完成。

早些时候，我谈到了忙碌和完成之间的区别。蜂群模式就是解决忙碌和完成二者之间矛盾的模式。

一个简单的事实是：人类喜欢分心。我们就像调皮的小狗，一见跳出一只松鼠就扑上去；我们又像花喜鹊，一见闪亮的小玩意儿就飞过去，我们都清楚这一点。我当然希望，行文至此，人们不仅已经内化了多任务处理不好的观念，而且也已经内化了同时做多件事会扼杀效率的观念。每当我们被电子邮件打断，或者从一个任务切换到另一个任务时（嘿，是不是有人在网上说错了什么？我要不要马上纠正？），我们的注意力就会崩溃，可能要花好几个小时才能恢复心境，让心思重新聚焦于正在做的工作。在个人层面是这样，在团队层面和组织层面也是这样。让我们从团队开始，专心致志。

让我们回顾一下丰田生产系统创始人大野耐一的理论。大野提出一种生产浪费分类法。这里，浪费指的是减慢系统运行速度的事情。大野把浪费分成无驮（Muda）、无稳（Mura）和无理（Muri）3类。无驮在日语中的意思是"没有结果"，指未完成工作。无稳翻译为"不一致或参差不齐"，实际上是一个来自纺织业的术语，指的是布料上的不均匀之处。无理翻译过来就是"没有理由"。这3种类型的浪费描述了阻碍完成工作的因素，比如生产过剩、延迟、等待所花的时间、荒谬的期望等。

对大野来说，最糟糕的浪费形式是在制品库存（in-process

inventory），它在任何情况下都是最糟糕的。人们通常将正在进行的工作或过程称为在制品。这之所以是最糟糕的浪费，是因为你花了时间、金钱和精力，却仍然没有可以拿得出手的东西。工作还没有完成!

避免生产浪费的关键是要做到大野所说的"一个流"（One-piece flow），我称之为"快速完成任务"。在任何一个 Scrum 团队，待办冲刺事项中都会有 10～20 件事情，即团队承诺在冲刺中完成的工作。几乎在我去过的每一家公司里，这些待办事项都已经开始，但什么也没完成。

蜂群模式可以解决这个问题，它是指只专注于待办事项中最重要的事情，不做其他事情，直到最重要的事情完成为止。整个团队应该全力以赴完成一件事，然后再考虑做其他事情。因为专注于目标，所以可以快速交付价值。

想想一级方程式赛车比赛中的后勤维修人员。如果你没见过维修行动，可以搜索一下，找个视频来看。维修工作令人印象深刻，赛车进入维修站，完全停下。赛车只要停下来，马上就开始落后，车队需要尽可能快地让赛车进出维修站，重回赛道。因此，只要汽车一停下，就有 20 多人上前工作。每一个轮胎都需要 3 个人密切同步：1 个人操作气动枪，卸下固定轮胎的螺母，1 个人取下轮胎，1 个人装上新轮胎。每十分之一秒都很重要。这只是更换轮胎，其他人则在做调试、加油，以及任何其他需要做的事情，以便让汽车在几秒钟内重回赛道。

这就是蜂群模式，团队全神贯注于实现价值，即让汽车重回赛道。这正是你希望 Scrum 团队去做的。

塔米承认，3M 公司仍然存在问题，无法让所有团队跨职能，实现蜂群效应。他们从事云服务的团队可以做到这一点，因为云服务团队从一开始就是模块化设计的。对于公司的遗留系统来说，将工作拆分开来非常困难。

"这当然是康威定律的缘故。"她说——产品反映组织架构。但他们正在做出改变。如今，3M 公司的职能孤岛分割大大减少——所有团队都向研发汇报，而不是分散在各个业务部门。他们正投入巨资转向云计算服务团队转型，但这需要时间，不可能毕其功于一役，一夜之间就发生翻天覆地的转变。

"我反思我们的转变时，"塔米沉思道，"我想到的是你为什么一直说这是一段旅程，头一两年大家都很兴奋，然后就困难了。"他们很兴奋，因为一开始就可以解决一些简单的问题。稍后，会遇到一些难题，如组织如何构建、产品的体系架构等。她告诉我，他们正在向前迈进，并且对如何继续转型有了宏伟的计划，但这并不总是易事。

中断缓冲区

在冲刺过程中，改变实战中的优先级常常会打断 Scrum 团队的工作。销售和市场需求，再加上管理层的干预，会导致团队长期功能紊乱，冲刺反复失败，无法满足发布日期，甚至导致公司的失败。

因此：要明确地为"中断"分配时间，不允许有超过分配的工作。如果工作超出分配额度，就终止冲刺。

亚历克斯·谢夫是我们Scrum公司的教练之一，大约10年前第一次遇到Scrum。他说，他一看到中断模式，就知道自己必须以这种方式工作。2007年7月，他受聘于一家金融服务公司，这不是他职业生涯转变的最佳时机，你可能还记得，华尔街很快陷入了自1929年大萧条以来最大的崩溃。他加入了一个为交易员编写工具的团队，并与团队首席开发人员共享一间办公室。这位同事是个好人，他们相处融洽，工作都很努力。他们工作的内容不固定，而且频繁改变。某一天，公司7位合伙人中的一位会说，这是最重要的事情。下周，有时甚至是第二天，另一位合伙人可能会想要完全不同的东西。工作没有焦点，不很专注。但亚历克斯并没有太在意，团队完成了要求，他只听到了积极的反馈。

年度评估的时间到了。同事开完审核会回来，"砰"的一声关上门，用头撞了他俩共用的办公桌。年初分配给团队的一个巨大的重要项目，最终没有取得任何进展。同事是首席开发人员，结果被老板训斥一顿，说他们那一年实际上什么也没完成。亚历克斯说，真正奇怪的是，尽管他们6个月来一直在同一个房间里工作，一直在同一个团队里谈论工作、抱怨工作，但亚历克斯从未听说过这个项目。他们一直在努力工作，做着被要求做的事情，这并不意味着合伙人想破坏这个项目，合伙人只是没有意识到，因为一个接一个的紧急请求不断干扰团队，已经使得团队无法专注于项目，更不用说完成项目了。但要老板们来对自己的行为负责吗？不。对老板们来说，这显然是首席开发人员工作的失败。

我经常看到这种情况。团队总是被管理层、销售人员或技术人员打断，让他们放下手头的工作，去做半路杀出来的非常重要的事情。于是，进入冲刺检查时，自然会发现他们什么也没完成。管理层于是便认为，哼，这个团队碌碌无为。

解决方案就是使决策成本可见，这是 Scrum 中很多事情的解决方案。虽然并非所有事情都属于紧急情况，但是有时候确实有紧急情况需要马上处理。因此，团队所做的就是留出一定百分比的容量，并将其称为中断缓冲区。假设团队通常在一个冲刺中完成 20 个待办事项，好吧，他们下一次冲刺只需要承担 15 个项目，剩余的空间作为"紧急情况下，打破玻璃"的储备。

所有请求进来时，产品负责人都要站在缓冲区前把关。只有产品负责人有权决定打断团队是否真的值得，因为干扰会拖慢团队的进度。所以产品负责人可能会说，这项工作很重要，但并不比冲刺中的待办事项更重要，所以我们将在下一个冲刺，或者下下个冲刺中做这项工作。有些工作其实根本不重要。产品负责人控制待办事项清单，遇到中途出现根本不重要的工作，产品负责人可以简单地说，没问题，我可以把它放在待办事项清单中！但要放在清单底部。但是，有些事情是值得打断团队的，因此，产品负责人需要耗用一点中断缓冲区。

诀窍在于：缓冲区一旦溢出，必须终止冲刺。立即停止工作，重新计划在冲刺剩余的时间内可以完成的工作以及优先事项。因为如果缓冲区溢出，团队在冲刺计划中承诺的一些工作将无法完成。对于团队来说，没有什么比知道自己将要失败更让人泄气的了。他们知道，情况很明显。最糟糕的是对问题无动于衷。

终止冲刺的一个二阶效应是，领导层讨厌终止冲刺。在周一的销售会议上，萨莉可能会转向雷说："雷，你为什么要把冲刺搞砸？我向客户承诺的事情没有完成，都是你的错。"要把错误归咎在错误所属之处，归咎于干扰团队的人身上，而不是团队本身。把它当成是一件大事，公司将自我组织，不允许错误再发生。

另一个二阶效应是，当某人的经理确实提出要求时，这个人可以说：嘿，这不取决于我。我很想帮你，但我们有新的规定，你得跟产品负责人谈谈。如果由我决定，我当然会答应，但规则不是我写的。

假设团队受过 Scrum 培训，运用 Scrum 进行工作，并且由于7 个合作伙伴中的一个造成大的中断，团队被迫终止第一次冲刺。这一次，中断的效果是可见的。一方行为的成本可以被其他6 方看到。结果，这种事不会再发生。团队能够专注于正在从事的大项目，在年底前圆满交差。然后继续工作，进行下一个最重要的项目。

重要的是，要让决策成本一目了然。团队通常受到团队流程外部力量的阻碍。记住，真正的目标是速度。测量一下，找出是什么在阻止你和团队提高速度。

中断缓冲区是使 3M 公司从传统组织转变为敏捷组织的关键。一开始，团队工作大概有 60% 的时间被中断占用。但这些年来，他们一直致力于降低占用。现在占用时间大幅下降，只占 20% 左右。他们正在认真考虑中断问题，着力解决棘手的改变，以便更上一层楼。

良好的内务管理

哪里出现混乱，你就要为之浪费时间和精力：决定从哪里开始，从什么开始。

因此：要保持好井井有条的工作环境，持续不断地保持，或每天结束时进行整理。

在丰田，每当出现问题，工人们都会被鼓励拉下"行灯绳"（andon cord）[1]，使生产线停下来。这种情况发生时，管理层会介入，不是来检查员工是如何把事情搞砸的，而是试图找出问题的根本原因，加以解决，使问题不再发生。慢慢地，一点点日积月累，生产线越来越快，质量越来越好。其规则是永远不要让生产线上的已知缺陷从一个站点运转到另一个站点。

1　Andon 的传统含义是灯笼，在此指工厂中显示设备状态的警报灯。——译者注

精益生产线堪称神奇，就像精心编排的人与零部件的芭蕾舞。

一家废弃汽车修理厂，因为旧的修理方法速度太慢，决定尝试一种完全不同的方法。他们拆解损毁车辆，连螺帽和螺栓都统统拆下来，重新组装，每16分钟就可以组装一辆新车，而且能够改进质量。他们为车辆植入最新技术，更新悬架系统，出厂的汽车性能更优越。

我第一次参观这家工厂时，他们一周可以再造3辆汽车。几个月后，我再次核实，发现他们已经可以一天再造40余辆。从每周3辆增加到每天40辆，速度提高了6600%。与此同时，流程时间也从40天缩短到10天。

令我惊讶的是他们没有更换维修人员，仅仅多雇了几名工人，余者基本为原班人马。他们改变的是过程，而不是换人，通过改变工作方式，释放出一股短短数年前难以想象的力量，变不可能为可能，成就斐然。

那天晚上，我给父亲打了电话。请记住，在这个阶段，我还只是一名记者，而不是Scrum方面的专家。"爸爸，"我说，"我一直认为Scrum和过程改进只是一堆管理方面的新话，毫无价值。也许我错了，你参透了管理的奥秘，也许。"

因此，良好的内务管理模式是每天保持井井有条的工作环境。如果有人看到错误，即使不是你自己制造的错误，你也要去修正。让你经手的一切都好于你第一次接触时。按照丰田的说法，就是永远不要把已知的缺陷传递给下一站。如果只在最后关头测试质量，质量就可能非常糟糕。每次触及产品时，都要注重质量。

如果你发现自己手头工作没做好，要意识到你可以解决问题，你可以让问题永远消失，就像汽车维修厂的工人所做的那样。改变你的工作方式，你会惊讶于自己的能力。

应急程序

由于紧急需求或未预料到的变化，冲刺过程会出现新问题。到冲刺中期，倘若开发团队无法成功完成待办冲刺清单，情况就会显而易见。团队处于冲刺燃耗图高位，发现以目前完成任务的速度，无法实现目标。

因此，处于冲刺燃耗图高位时，要尝试飞行员通常使用的技术，即一旦事态严重，执行紧急程序。

燃耗图是让你看清团队在冲刺中位置的一种方法。在冲刺中，你从 10 件工作开始，每天都会消耗掉当天完成的工作。假设你正在冲刺中途，你查看团队燃耗图，团队只完成了 2 件事，很明显，无论如何都不可能如期完成所有工作，燃耗图不可能在冲刺结束时归零。这不是由干扰中断引起的：也许工作实在比想象的要困难，或者是遇到了意想不到的问题。总之，任务无法完成，飞机即将坠毁。

家父是一名战斗机飞行员。他说，战斗机发生严重情况时，必须立即执行紧急程序。你可能还没弄清楚发生了什么，就已经死了。所以，他们在左大腿处附有紧急程序核对表，按照核对表行事。不用多问，照此执行即可。在 Scrum 中，事态严重时，Scrum 主管必须立即执行一份类似的列表。这是硬性规则。

以下是清单：

紧急程序步骤（只做必要之事）
改变完成工作的方式，做不同的尝试。
寻求帮助，将部分积压的工作分给别人。
缩小范围。
终止冲刺，重新计划。通知管理层完工日期会受到什么影响。

只须自动向下执行列表。因为如果你坐以待毙，整个团队就会坠毁。你要把飞机拉起来，拉起来！

在 3M 公司，大卫说塔米偶尔会拉起一次升降杆："塔米偶尔会表明立场，有五六次。"塔米实际上希望自己的团队能更经常地启用紧急程序步骤，以避免为了速度而牺牲质量。让问题可见，如果团队不这样做，你就无从知道为什么日期会持续溜走，为什么质量开始下降。你必须鼓励团队，赞扬他们让你意识到紧急情况正在发生。

用 Scrum 来改进 Scrum

只有少数 Scrum 团队能够将范式转换到全新的性能水平，极大提升创造价值的能力。这是因为大多数团队不能识别障碍，清除障碍。

因此，要在冲刺回顾中找出首要障碍，并在下一次冲刺结束前消除它。

Scrum 用来产生高生产力团队。事半功倍并不夸张，这是目标。有了纪律保证，是完全可行的。但是许多 Scrum 团队并没有达到这样的增长水平，其原因几乎总是如出一辙：他们未能成功识别并清除障碍。

就是这么简单。他们忙是够忙，但没有把工作做到完成的程度。他们接受这一现状，认为世界本来就是这个样子。是的，世界上很多地方都是这样。但世界不必一成不变，Scrum 就是完成工作的一种方法。

在每个冲刺回顾中，团队应该提出一个改进方案——或者说"持续改善"（kaizen），如果你认为日语听起来更酷的话。只要一个就足矣，一个冲刺过程中只克服一个障碍。通常情况下，他们确实发现了障碍，但之后什么都没做。每个人似乎都认为该任务需要别人来完成，是别人分内的工作，因为他们自己有大量的待办事项要处理。

不久前，家父在巴黎讲授 Scrum 课程，著名的精益专家雨果·海茨决定参加这个课程。在学习过程中，海茨不断去找家父，反复强调说："他们需要把持续改善，这个工作放在待办事项中，需要对 Scrum 进行 Scrum，用 Scrum 改进 Scrum。"

杰夫回到 Scrum 公司后说，我们要试试这个建议。我们有了持续改善之后，作为一个团队，将对改善进行评估并给出验收标准，这样，就知道什么时候完成了任务。我们将把改善放在待办事项顶部，使之成为下一个冲刺的首要任务。我们照杰夫说的做了。在 2～3 个冲刺中，速度翻了一番。而且，直至今日，Scrum 一直在改进和迭代。

我经常到不同的公司去，经常碰到一些虚无主义者："这地方糟透了！今天糟透了，明天也会很烂，会永远烂下去！"我坐下来和他们交谈时，发现这种态度通常源于这样一个事实：每个人都知道存在问题，但没有人肯解决问题。这有多让人泄气？问题是已知的，甚至很可能解决方案也是已知的，但就是没有人采取任何行动解决问题。

我去管理层把这事告诉他们，他们却说，问题我们知道。但我们解决不了，原因是一、二、三、四。

我会等待很长时间，一直等到对方不自在了，才回应。你可以感觉到沉默，感觉到紧张正在上升。然后，我会看着他们说，事情不一定非得这样。做与不做是一种选择，事实上，情况完全可以好转。

有时这些话会被这些公司的管理层听进去，他们开始实际解决一些问题，移除阻碍团队前进的难题。但这并不是每次都会发生，我不能强迫他们怎么怎么样。但是，一旦他们照我说的做了，原本的虚无主义者就变成了公司中 Scrum 的最大支持者，因为事情竟然得到了解决——谢天谢地！

3M 公司仍然每周都用 Scrum 改进 Scrum。"这可能给了我们用其他任何方式都无法取得的进步。各个团队不断进步，为期一周的冲刺，他们一年做 50 次。"塔米告诉我。需要改进的地方可能很重大，需要一段时间来解决，或者超出团队的能力范围。但正是心态的改变，从接受问题到积极地寻找问题，才创造出截然不同的效果。问题就像墙缝里的蟑螂，总喜欢隐藏起来。把问题暴露到阳光之下后，你会感到惊奇，根除问题并不像想象的那么可怕。

幸福指数

在反思和其他自我完善活动中，通常会产生很多关于改进的想法。但是，你通常不会提前知道哪些改进活动会产生最大收益，哪些不会。

因此，通过团队统一意见，通过一次一个小的改进来推动改进过程。向团队提出一个问题，帮助他们反思摆在桌面上的选项中，哪些备选方案最能激发集

体热情或参与感。然后，利用他们的回答来选择最能
激发团队活力的改进方案。

相信我，士气真的很重要，极其重要！如果公司员工对在公司工作不开心、不兴奋，你就遇到大麻烦了。快乐的工作者能够更快地生产出上乘的产品，道理就是这么简单。

然而，幸福的奇怪之处在于，它是成功的原因，而不是成功的结果。人们把今天的幸福建立在对下周世界的看法上，而不是建立在对上周的看法上。如果给幸福一个可量化的数字，你就有了一个领先指标，而不是滞后指标。

你要做的就是量化快乐。每次回顾时，都要公开询问团队，问他们对任务有多满意，对团队有多满意，对公司有多满意，评分范围从 1 ~ 5。接下来询问他们，还能想到什么能使他们更快乐的做法吗？就是这样，相当简单。我发现令人瞩目的是，每个团队都会关注最不快乐的人，然后说，在下一个冲刺中，让我们解决这个问题。

Scrum 公司首次引入幸福指数这一概念时，大家提出的第一个要解决的问题是改善办公空间。人们对当时的办公室不满意，办公室得到了大幅改善。接着，需要改善的是来自产品负责人的待办事项清单。这个问题后来又反复出现数次。我们只是不断地剥落问题，一次一个，一个接着一个。很快，我们的速度加倍，再加倍。两倍的工作，一半的时间！

磨刀不误砍柴工

上述 8 种模式是做好 Scrum 的秘诀。

前两种，稳定的团队和参考过往的工作量来估算目标，为成功的冲刺奠定基础。如果不能做到这些，那么实现 Scrum 就要困难得多。

接下来的 4 种，蜂群效应、中断缓冲区、紧急程序和良好的内务管理，将有助于解决团队在冲刺期间遇到的最常见问题。

最后两种，用 Scrum 来改进 Scrum 和幸福指数，是以可持续的速度不断改进的关键。它们会让你进入超生产力状态，即实现 Scrum 的设计目标，事半功倍。

然后，第 9 种模式将从对其他模式的忠实执行中显现出来——率先完成的团队加速更快。

就像塔米·斯派罗承认的那样，在 3M 公司，Scrum 执行得并不完美。他们还有很长的路要走。但一路走来，他们已经走了很远。她强调，最重要的是，现在的话题与以往不同了。整个系统的透明性使他们能够看清困难问题在哪里，能够明确是组织架构的影响，还是维护架构产生的遗留问题。现在，这些问题显得可以解决了。她带来了改变，使他们可以有所作为。

"只要把待办事项准备好，"她说，"团队就会大展宏图。"

我不是说改变易如反掌，改变可能轻而易举，也可能举步维艰。但是，化难为易的方法是自律，自律需要专注，需要献身精神。我间或听说敏捷不外乎是为了让人们的生活更美好、人生更快乐。这是真的，Scrum 能够做到这些。我还听说，敏捷其实是关于建立伟大的文化和伟大的公司的。这种说法绝对没错，极其精确。

此外，这一切都是为了服务于某种目的，即迅速提供高价值的产品。"速度"二字很重要，速度既包括生产高品质产品的速度，又包括决策的速度。数字不会说谎，一旦拖拖拉拉，成功的可能性必然骤降。

因此，你不得不根据不完整或不完善的信息做出决定。你得走出去，进入不确定的迷雾中。因为和数量一样，速度也有自身的特性。

所有这些模式相互交错，相互加强。它们是一种模式语言，只需从"1"开始，其他词语就会随之而来。

回　顾

浪费的分类法。 将浪费分成 3 类：无驮（Muda）即"没有结果"或未完成的工作；无稳（Mura），"不一致或不均匀"；无理（Muri），"没有理由"。浪费描述了阻碍完成工作的因素，比如生产过剩、延迟、运输问题、荒谬的期望等。

持续改善。 在每个冲刺回顾中，团队应该提出一个需要改进之处，以便在下一个冲刺中尝试改善它。需要改进之处可以是消除一项障碍，尝试不同的工作方式，或者做团队认为可以提高速度的事情。如果实验获得成功，就坚持做下去；如果不成功（并不是所有的尝试都能奏效），就放弃。

掌握 Scrum 的模式

·**稳定的团队，参考过往的工作量来估算目标，为团队的成功冲刺做好准备。** 如果做不到这些，那么实现 Scrum 就要困难得多。

·**蜂群效应、中断缓冲区、紧急程序和良好的内务管理**有助于解决团队在冲刺中遇到的最常见问题。

·**用 Scrum 来改进 Scrum 和幸福指标**是以可持续的速度持续改进的关键。它们使你进入超生产力状态，实现 Scrum 的设计目标，即事半功倍。

·**率先完成的团队加速更快**是从对其他模式的忠实执行中出现的模式。

待办事项清单

✔ 审视你的工作场所，至少确认一个无驮（Muda）、
无稳（Mura）和无理（Muri）的例子。你将如何修
复它们？

✔ 创建一个燃耗图表，开始跟踪团队在冲刺过程中
的进度。

✔ 贯彻本章中描述的每个模式。它们是如何影响团
队的幸福感和速度指标的？它们改变燃耗图表的
斜率了吗？

8

警惕这11种
敏捷管理误区

Scrum并非战无不胜，但每一次的失败，原因往往相同。Scrum能让问题迅速暴露，只有看到问题，才能解决问题。任何工作偏离轨道，都要马上亮起红灯，一个冲刺接一个冲刺，一个改善接一个改善，朝着目标前进。

当然，正确的模式意味着存在有错误的方法，或曰存在着反模式，并非每次实施 Scrum 都能成功，它也可能会失败。有趣的是，Scrum 失败时，失败的原因往往是相同的。

再次强调一遍，Scrum 的目的就是让问题迅速暴露出来。暴露问题通常会很痛苦，有时这种痛苦使组织难以改变。

几年前，金姆·安泰洛刚开始在 Scrum 公司工作不久，到我们合作的一家大型汽车公司去参观，参观后给我打来电话，反映客户表现不好，掌权之人没有权力，公司陷入无休止的诽谤和争吵之中，似乎安于耗费一个月又一个月的时间争论应该做什么，但实际上根本无所作为。我永远也忘不了这个电话。

"J.J.，不要恨我。"

"为什么？"

"Scrum 在那里根本行不通。"

然后，金姆开始告诉我阻碍公司成为敏捷企业的因素，以及所有这些因素不太可能改变的原因。

金姆是对的。

所以 Scrum 公司终止了与那家公司的关系。我们只能提供帮助，不能强迫人家实施 Scrum。

多年来，我一直在列出这样的问题，它在公司里反复出现。我发现知道不该做什么和知道该做什么一样重要。以下是这些反模式以及应对之策。

领导者不要半途而废

Scrum 实践所需的组织变革是巨大的，要有不同的人力资源实践，不同的报告结构，不同的角色。要在整个组织中实现 Scrum，需要高管层有强大的领导力。如果不建立新的行事方式，使之成为公司的工作方式，改革可能在瞬间土崩瓦解，公司最终非但无法身手矫健，反而会弱不禁风。

举一个个人的例子。我父亲在创建 Scrum 公司之前，在一家名为患者守护员（Patient Keeper）的公司工作。该公司为医生和医院制造手持设备，医务人员可以通过这些设备完成大量工作，比如开药、安排实验室测试、查看测试结果等。手持设备还能允许管理层收集财务数据、收取服务费用和提交保险索赔，也深受管理层喜爱。

在患者守护员公司，我父亲是首席技术官。他会见了首席执行官，谈到将如何使用 Scrum 来经营患者守护员公司。"很好，"

首席执行官说，"但我厌倦了团队告诉我事情已经'完成'。唯一重要的'完成'就是收到医院的付款，没有悬而未决的问题。"

接下来，他们花了两年时间来建立这样的能力。最终，使多家医院每一次冲刺都能实况转播。如今，这种能力被称为开发运一体化（DevOps），工具都是开源的，而且在云端就可以下载。但当年他们不得不从头开始构建这项技术。

技术构建完成后，首席执行官说，他们现在可以改变每周优先事项了。每周一下午，他都召集产品负责人和 Scrum 主管们，一起检查交付进度，修改需要修改的地方，为需要资金的内容提供资金，并重新定位造成麻烦的客户或竞争对手。人们说首席执行官就像产品负责人团队的 Scrum 主管。首席执行官让首席产品负责人来负责领导工作，只在出现问题时进行干预，消除障碍，包括改变出现问题的管理层。我父亲说，患者守护员公司就像一艘古老的英国战舰。产品负责人每周都会移动大炮，对准敌人开火。下一周，对准另一个目标。不到一年，患者守护员公司已经打遍天下无敌手。他们的工作主要是在一家又一家医院卸载竞争对手的产品，最后，他们的收入在一年内增长了400%。

后来，家父决定全职培训人们使用 Scrum，遂创建 Scrum 公司。父亲留下的负责人让团队像时钟一样，每一个冲刺都准时培育出新的医院。两年后，那位负责人离职，首席执行官聘用一位不懂 Scrum 的工程主管来顶替离职者。不到一个月，团队就无法交付了。首席执行官告诉新来的人，如果再这样，你就要被解雇了。同样的情况再次发生，首席执行官决定亲自接管这个部门，并重新执行瀑布式管理模式，交付过程变得又漫长又痛苦。收入下降一半，患者守护员公司一瘸一拐，坚持走了几年，方才寿终正寝。这是一个伟大的公司因旧习惯而破产的好例子。

杰夫认为，原因不仅在于新工程主管个人不理解 Scrum，还在于他们不理解组织需要不断改进以保持速度。杰夫在患者守护员公司倒下前一年看到了该公司的危机，并警告他们修复问题。但是管理层只是希望 Scrum 能继续工作，如果 Scrum 不能继续工作，他们认为那也不是管理层的错，是工程师们的错。然后，当然，工程师们纷纷跳槽。

这种情况我见过几次。一位高管将新东西投入某个业务部门，甚至整个公司，但没有来自高层的支持。一旦此高管晋升到另一个部门或跳槽加入另一家公司，新的工作方式就会分崩离析。领导层经常对此感到震惊。让同样的员工做同样的事情，怎么突然之间其工作方式就不起作用了呢？之所以会这样，是因为无论在组织层面，还是个人层面，都没有将向 Scrum 的转变内化。然而，他们领导的员工很少对管理风向的变革感到惊讶——改变并不鲜见，员工早已见怪不怪。

意欲最有效地实施 Scrum，必须从高层领导自身的转变做起。高层领导全力以赴，在公共、财政和运营方面把自己的组织转变为一个能够在加速变革的新时代运作的组织。Scrum 必须自上而下，成为完成工作的默认方式。不要只是反复说要怎么做，要反复付诸实践。如果每次不同的主管进来，你的工作方式都有所改变，那你并没有真正改变，你只是假装在改变。

不是为我，是为完成工作

Scrum 通常从一个部门开始，通常是一个有严重问题的地方。这个团队开始快速进步，先声夺人。领导层就认为问题已经解决，太棒了，但公司的其他业务并未改变。领导层不断加码，提出要求、订单和项目，犹如向办公室中投掷手榴弹，完全不考虑此举可能造成损害，不考虑新任务是否应该完成，不考虑新任务与人们正在做的其他工作孰轻孰重，不考虑新任务是否能够完成。在拉开手榴弹引线之前，领导者务必深思熟虑。

组织的其他成员，包括领导层，都需要改变思考工作的方式。几年前，我们合作过的一家大型石油公司，正在更换其安全报告设施。这是一件大事，他们尝试多年，一个又一个项目统统宣告失败。最后，他们说服来自公司不同部门的两位雄心勃勃的高管，让二人再试一试。完成这项工作至关重要，两位高管也将其视为一次机遇。只要解决这个棘手的问题，天下非我等莫属。

其中一位高管得到一本《敏捷革命》，确信这是他们真正完成工作的唯一方法。一些 Scrum 公司的同事和我飞来，培训他们的员工，并成立了一批 Scrum 团队。一开始非常顺利，进展迅速。但之后不断遇到一个症结：另一位高管。这位高管虽然为得到的结果欣喜，在思想上却转不过弯来，不明白改变自己行为的必要性，继续用过去的方式管理团队。

Scrum 非常善于揭示问题。很快就清楚了，这位高管的决策是个问题，拖慢了队伍的速度。令我惊讶的是，她最终明白了这一点，也确实改变了。但改变需要把问题和行为的代价暴露出来。

最终，工程准时完成，二人都得到晋升。一开始邀请我们合作的那位高管利用这一成功回到老板那里，据理力争，说 Scrum 不应该只用于软件项目，应该用于所有项目，无论是挖井、安装石油钻塔，还是通过管道泵油。Scrum 会给他们带来优势，不能不用。于是，他们开始推广 Scrum。

不过，她所做的第一件事就是确保领导们明白自己必须做出怎样的改变。

结构债务，不要太过精益

精益原则非常棒，基本上相当于丰田生产系统原则的西方译本，意在消除系统中的每一个浪费。精益企业研究院将精益原则列举如下：

> 价值：产品的价值需由最终用户确定。
>
> 价值流：为每个产品确定所有步骤，尽可能消除不创造价值的步骤。
>
> 流动：使创造价值的步骤按紧密的顺序进行，使产品能够顺利流向用户。
>
> 拉动：随着流量的引入，让用户在需要的时候从中获取价值。

完美：明确价值后，识别价值流，去除浪费步骤，实施流通和拉动；再次开始这个过程，并继续下去，持续改善，直到达到完美状态，在没有浪费的情况下创造完美的价值。

企业正确应用精益原则后，将极大提高价值交付的速度，消除价值交付的浪费。

问题是，如果舍弃太多，过度精益，就会从根本上削弱创新力。我见过几家公司，在生产一种产品时速度惊人，所需人员很少，令人钦佩。但是，除了生产正在生产的产品之外，公司没有做其他事情的空间。

他们专注于"持续改善"，即专注系统或团队的增量式改变，一点点持续改善。这很好，但他们只关注当前的过程，当前的做事方式，没有考虑这是否仍然正确，甚至根本没有考虑这样做对错与否。丰田生产方式的一个关键方面是"突破性改善"（kaikaku），即彻底变革，允许改变整个业务：新产品、新策略、新工具。这可以是对市场力量的回应，比如苹果手机一经问世，突然间，每个人都不得不使用智能手机。但这也可以由内部驱动。通常，随着改善的渐进式改变，小步骤的进步会趋平，不再有进步的余地。所以要实施一个项目来改变一切，创建空白写字板，翻开新的一页，无论你想怎么称呼它，总之，要寻求根本的变革。

但如果机构过于精干，如果将员工裁减到刚刚好的规模，到了绝无懈怠的地步，也就没有时间和资源去创新了。我认识的一家公司成了苹果手机某个关键部件的唯一供应商，生产的部件数以百万计。后来，苹果想要不同的东西，需要用全新方法进行生产。由于已经使系统变得非常精简，结果供应商花了好几个月才适应彻底改变的生产方法。知道吗？苹果公司已经选择与另一家供应商合作，因为后者行动更敏捷。

适度精干的公司是好的，但如果精干得太过分，会使公司最终丧失应变能力。

别按照工具告诉你的方式工作

有很多 Scrum 工具，即管理待办事项并跟踪工作进度的软件。我每周至少会收到一次这种新软件。这些年来，我自己用过4 种不同的工具。每种工具都有自己的怪癖：有的工具希望你估计每项任务需要花费多少时间，有的工具能够生成你想要的报告，有的需要与系统进行笨拙的交互才能使其工作，有的必须在5 个不同的屏幕上勾选对话框才能得到你想要的东西。

我看到一些团队根本不考虑实际状况，不管工具的要求是否荒谬，就束手束脚，极力按照工具要求的方式来推行 Scrum。工具是按照某种工作方式设计的，很有可能与你的需要有出入。

应对策略如下。我知道你可能需要使用一些工具，但在使用该工具之前，在墙上贴一些便签，进行几个冲刺，找出特定团队如何工作最高效。可以是一些简单的事情，比如你如何表明某些东西已经准备好，要显示给产品所有者。或者，是否有基于其他团队工作的依赖关系，你需要以某种方式使其可见，以便他们知道什么时候阻碍了你的工作。

只有完成这些之后，才可以求助于工具，使其按照你的工作方式工作，忽略工具的特性。有些特性你可能本来不打算使用，但更适合你的团队，不妨试试这些性能。记住，让机器人为人工作。

怎么做很重要，拜物教式 Scrum

瓦努阿图是由大约 80 个岛屿组成的岛国，因以下几个原因而闻名遐迩。它是最早受到海平面上升影响的国家之一。詹姆斯·麦切纳在其 1947 年出版的《南太平洋故事集》一书中描述过这里。这本书激发了罗杰斯和汉默斯坦获得灵感，创作出音乐剧《南太平洋》。瓦努阿图的几十座岛屿散布在 800 平方英里的大洋上，其中一个岛屿叫塔纳岛。在塔纳岛，2 月 15 日是约翰·弗拉姆日。约翰·弗鲁姆是岛民心中的弥赛亚，将用货船载满财富，来拯救这里。欲知此事的来龙去脉，且听我慢慢道来。

第二次世界大战之前，这个岛国被称为新赫布里底群岛，是整个世界宏伟格局中无足轻重的地方之一。突然之间，全球冲突使这些小岛变得非常重要。美国海军抵达后，海军工程营在丛林中开辟道路，修建机场、基地和兵营。最终大约有 40 万军队驻扎在那里。部队带来货物，数十万吨军供物资简直是一场盛宴，如同海啸般席卷岛国。于是约翰·弗鲁姆的形象诞生了："我叫约翰，来自美国，想要一块糖吗？"

后来，战争结束，美国人离开，放弃了基地和机场，将似乎源源不断地降落在简易机场或在码头卸载的货物也带走了。约翰·弗鲁姆形象却融入当地的宗教，成为将货物运回的弥赛亚。为召唤约翰·弗鲁姆归来，岛民在丛林中仿造了简易机场，上面有灯光，有一座由木头或树枝或岛民能收集到的当地材料建成的指挥塔。岛民相信，只有热烈、正确地表演这个仪式，约翰·弗鲁姆就会回来。我一点都没有瞎编。

今天，他们仍然在胸前画上"USA"字样，手持木枪，模仿军事队形跳舞，宣称约翰·弗鲁姆会回来的，他们甚至为此创建了一个政党。见鬼，就在不久前，一位信徒还曾短暂担任过驻俄罗斯大使。"拜物教"在过去和现在都是真实存在的。

这种拜物教式的仪式化运动也可以发生在 Scrum 中。我曾经见识过。人们只是走过场，装样子，奉 Scrum 指南为圣典，似乎相信 Scrum 的唯一目的就是 Scrum 本身。我在五彩缤纷、灯火通明、看起来很有趣的"Scrum 室"中游走一番，问团队是否在完成每一个冲刺并有所交付。闻听此言，人人皆面露不安之色。

我们有一家大客户，是一个拥有大约 5 万名员工的公司，他们决定，既然要做 Scrum，就把所有曾经是项目经理的人都召集到项目管理办公室，让他们统统成为 Scrum 主管。

新皈依的项目经理们带着真诚的信念和热情，对 Scrum 的拥抱有点过于强烈，使其变得怪异。他们去上课，去读书，去参加会议，学习如何玩敏捷游戏，大谈特谈做服务型领导的真谛，然后开始工作，搞活动，在托盘里盛满便利贴，就像祈祷约翰·弗鲁姆归来的岛民一样，把仪式和哑剧错当成行动。

没有人听取这些新的 Scrum 主管的意见。在会议上，他们完全被忽视。他们的建议被置若罔闻。他们本人被视为无用的附属物，空耗时间、空间和金钱，却毫无成效。

发生这种情况的原因是，照字面理解，他们的工作描述不外乎"促进 Scrum"。仅此而已，没有人期望他们做其他事情。他们是会议管理员，全都对 Scrum 知其然，不知其所以然。

他们似乎没有领会到 Scrum 是一种完成任务的方法。是的，人们的生活将会更好，有望互相尊重。我也希望人们的工作更有趣，但正如我之前所说的，Scrum 主管存在的唯一理由是速度，他们却没有意识到这一点。

我问 Scrum 公司的麦考尔·巴格特如何改正教条式 Scrum 时，他告诉我："Scrum 主管必须成为团队中的专家。"麦考尔是一名教练和培训师，客户的 Scrum 主管需要帮助时，我会找他出面。

"要成为成功的 Scrum 主管，"他说，"必须不断沟通。沟通很复杂，说起来容易，做起来难。"

麦考尔说：你必须利用数据和团队沟通他们的工作情况和表现。如果一个团队没有进步，必须向他们展示他们的速度，他们的冲刺承诺，他们是如何工作的，并征询他们的意见，问他们可以如何改进。必须观察他们提出的每一个改善意见，向团队反馈，问他们："嘿，这样做是否有效？"

Scrum主管还必须观察对话的进展情况。麦考尔说，这与团队成员或产品负责人的思维模式截然不同。好的Scrum主管不关注团队讨论的事情是否正确，而是关注团队是否以正确的方式讨论事情。正确的讨论方式会加快工作进展。

以下几个问题是麦考尔评价Scrum主管的依据：团队是否在不断改进？团队开心吗？团队开心是基线。Scrum主管在促进公司进步吗？如果Scrum主管在消除阻碍团队前进的障碍，则最后一个问题很容易回答。Scrum主管工作的本质是消除减慢团队速度的因素。消除减慢团队速度的因素不仅有利于Scrum主管自己的团队，而且可能会帮助很多团队，甚至公司本身。

不要只是走过场。仪式不是现实。

不要做按菜单点菜式的Scrum

Scrum非常简单，共分3种角色、5种活动、3种工具、5个价值观。各个要素都很重要。要实现所追求的生产力的根本改变，必须同时具备以上所有要素。各个要素是相互关联、相互加强的。我们经常看到团队缺少一个或多个要素，或者在某些要素方面表现不佳。

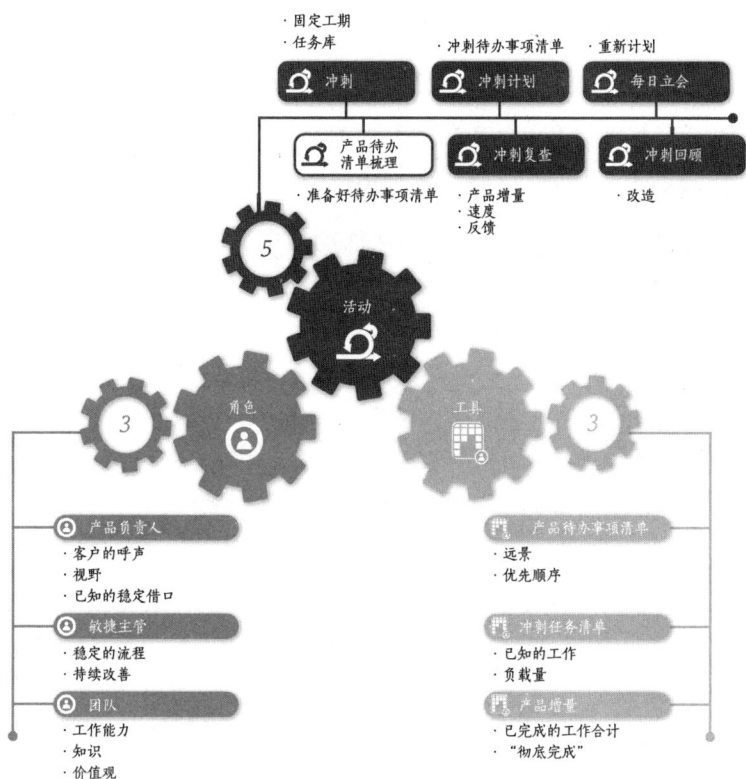

Scrum 公司被要求评估 Scrum 实施状况或实施一项 Scrum 项目时，这些要素就是我们的着眼之处。我们经常看到很多团队，没有专门的团队成员，或者没有全职的产品负责人，或者缺少其他一些基本元素。我们推荐建立一个可见的表格，记录所有团队以及 Scrum 的每个元素是如何被实现的（以及实现得怎么样）。

我们通常把表格展示在白板上，使每个团队的状态一目了然。在表格中，我们显示他们是如何做的。他们做得好吗？他们在改善吗？形势在走下坡路吗？

在每个团队中检查这些信息，可以快速掌握 Scrum 在公司中的状态，也使得 Scrum 的障碍显而易见。Scrum 主管可以用它作为障碍列表的基础，予以优先考虑。最好每次冲刺都这样做。项目走上正轨后，甚至可以在每次活动结束后做，不会花多长时间。唯其可见，才可以迅速采取行动，解决问题，而不是等到 3 个月后才发现团队因为没有良好的待办事项清单或因为跳过待办事项清单的优化，不能按时交付。

目前，可能并不是所有这些元素都一直保持良好的状态。没关系，从现在开始，一步步慢慢提高。见鬼，哪怕你只能努力实现每日立会，仅仅这一点就能让事情变得可见，并且有所助益。然后，就可以开始逐个处理其他要素了。

但所有这些要素都很重要，都有影响。需要纪律和专注，需要不断检查、微调和试验，才能面面俱到。

有一家全球领先的农业设备制造商在这方面做得相当出色。实施 Scrum 初期，他们只做其中的几件事。从每日立会始，然后添加冲刺计划，再后来添加冲刺检查。负责领导在多个国家的 8 个研发中心转型的人并没有急不可待地敲桌子，他只是每周不停地发邮件，告诉大家这样做或那样做的好处，实施这个模式或那个模式。变化是缓慢的，渐进的。但在 18 个月内，他们的速度加快了 8 倍。更重要的是，他们正以快得多的速度将原型产品推向市场。他们通过正确执行 Scrum，交付了真正的价值，但成功是通过一天天稳扎稳打获得的。

不要外包

大多数与我们合作的大型组织都进行大量的业务外包。在一些公司，承包商构成劳动力主体。顺便说一句，我觉得这样做愚蠢至极。但是让我们把重点放在业务外包实践中的 Scrum 部分。有人经常会打电话来说：嘿，能给我找 50 名 Scrum 主管吗？需要明天就上岗工作。

我想我可以找 50 名 Scrum 主管，而且明天就可以上岗，并因此赚很多钱。但我认为把 Scrum 这样的核心竞争力外包出去是非常糟糕的想法。如果真想使企业重生，Scrum 将起关键作用，使你知道做什么，怎么做。倘若把怎么做外包出去，就不会使知识内化。

我不是说你不应该报名参加培训和指导。你可能需要，但也要确保自己的员工接受培训。你们需要有独自进行 Scrum 的能力。在 Scrum 公司，我们弘扬一种信仰，就是要建立能够组建、指导、维护和加速自己团队的真正伟大的公司。我们的工作就是辅助所服务的机构建立这种内在的能力，使之不再需要我们的扶植。我告诉我们所有的教练和顾问，我们的工作就是把永久的变化抛在身后。但是，最重要的是，我们一定会离开。

Scrum 是一个非常简单的框架，但在石油天然气公司实施 Scrum 与在银行或研究实验室实施 Scrum 情况大不相同。当然，它们之间存在共性，但每个组织，就像每个团队一样，都有自己的文化、思维和行为方式。正如一种尺码不能适合所有人一样，一种方法也不能适用于所有情况。

不要租用能让公司变得伟大的人才。要培养让公司变得伟大的人才，让培养人才成为你所做一切的一部分。

顽固的障碍

几年前，我在硅谷访问了一批新的科技、社交媒体和互联网巨头。我在其中一家科技巨头公司做了演讲，然后问在座的各位，你们最大的障碍是什么？什么情况最能拖慢你们的速度？什么妨碍让你们抓狂？

一个勇敢的人站起来说，部署的工作不断积压，排起长队，已经8天了，还在增加。我们却被告知要构建更多的产品功能，而不是去修复交付中的瓶颈。

我问房间里的人这是不是真的。大多数人点头赞同，有几个人鼓掌。

我问在座的Scrum主管，是否让管理层看到了这个问题。他们说，报告过，但被告知不要作声。

6个月后，这家著名的大公司（我不能说出这家公司的名字，因为进入公司大楼之前，他们让我签署了一份保密协议）因为产品交付的速度不够快，解雇了首席执行官。

看出问题容易，但解决问题难。有时要花很长时间才能修复一个非常棘手的问题。然而，必须着手做些事情来解决问题。如果不这样做，员工就会知道你没有认真对待。

我鼓励领导团队做的是设置一个看得见的障碍告示板，放在人们常来常往的显眼之处，首席执行官的门口就是不错的地方。在告示板上，应该标明障碍相应的级别，附上负责解决每一个障碍的经理的照片，并显示从提出障碍到解决障碍已经过去多少天。倘若不能在首席执行官门口的告示板上面找到障碍，你就要亲自去追踪障碍。

一次，一位老朋友打电话给我。当时他正与数十名记者和编辑致力于一个遍及全国的重大新闻项目，他被难倒了。事实上，整个项目都陷入僵局。他们有些事情需要批准，但批准一直没有实现。副总裁很忙，要么不回复邮件，要么说告诉 Scrum 主管我很快就会处理，但是我现在有一个非常重要的会议，必须马上参加。

我告诉我的朋友用便利贴，把所有需要完成的工作都贴在墙上，让告示板显示那张不动的便利贴是如何阻碍其他工作的。然后拿出手机，拍张照片，不仅发给当事副总裁，还发给其他各位副总裁。要友善，要彬彬有礼。但是每一天都要这样做——嘿，只是要确保您知道我们仍然受阻，非常感谢您在这方面的帮助，完全理解您日程繁忙。朋友花了 3 天时间，问题才算解决。

解决出现的问题，或者至少开始修复问题，向人们展示你正在如何修复问题。这样，你就可以清楚地展示你让公司走敏捷路线的决心。

专注于有效的东西，你的生死取决于产品负责人

产品负责人是团队与外界之间稳定的接口，要负责很多事情，也要为很多事情担责。他们决定市场需要什么，以及团队交付产品的顺序和速度。

但事实是，有时这份工作不被重视。或者公司将职位名称从业务分析师改为产品负责人，但不更改职位描述，换言之，除了称谓的变化，其他一切照旧。或者公司找来一位非常忙碌的经理说，嘿，你现在也是产品负责人了，但是继续做你原来的工作。或者有高管坚持要做产品负责人，但没有时间与团队互动。或者把高级技术人员任命为产品负责人，但是高级技术人员同利益相关者或者用户之间缺乏互动。如果用一贯的方式做事，就会得到以往一贯的结果。优秀的产品负责人是用 Scrum 制胜的关键。

Scrum 公司的首席产品负责人帕特里克·罗奇这样描述产品负责人的作用："你正在带领一支探险队进入未知世界，成功与否将取决于你的计划，生存与否取决于你激发周围人创造力的能力。你难免遇到大麻烦，这是一个需要承担严重后果的角色，也是令人兴奋的角色。"产品负责人责任重大，此言不谬。

让一群出类拔萃的人做着出类拔萃的工作，速度非常快，但做出的东西却不被认可，或者做事的方式南辕北辙。这是我所见过的最悲哀的事情，不妨举两个例子。第一个例子是诺基亚公司。短短数年，诺基亚公司就从行业霸主沦落为无关紧要的公司。他们有十分优秀的 Scrum 团队，身手敏捷，甚至还组建了诺

基亚测试团队，来测试各个团队是否真正敏捷。测试团队专门探究如下问题：你的冲刺时间有多长？有产品负责人吗？有燃尽表吗？有按照优先顺序排列的待办事项清单吗？

如果你所做的只是按照选项打钩，就可能产生误导，任何测试都不例外。诺基亚有非常优秀的 Scrum 团队，交付速度之快令人难以置信。当然，苹果手机上市之后，诺基亚出类拔萃的 Scrum 团队以难以置信的速度交付的产品却成了不被市场认可的东西！这是因为产品负责人对市场的重大变化反应不够快。诺基亚之败，错不在团队，错在产品负责人判断失误。

第二个例子。我与一家金融服务公司合作，帮助他们在云端完全重建交易系统。他们希望能够升级防欺诈保护系统，因为罪犯更新了实施欺诈的方式，而且更新的速度比他们快。他们面临相当高的风险，因为他们有数百万的客户和数千万次的交易，这只是每天的交易次数，如果重建不能在那个夏天的特定日期推出，他们将不得不支付给第三方供应商一大笔钱，让供应商代理他们处理交易。这笔款项数目高达数千万美元，堪称高得出奇。

推动这个项目成功的真正关键是一群杰出的产品负责人，他们毫不动摇地专注于在正确的时间获得正确的待办事项清单，不允许积压工作。产品负责人对每个冲刺负责，并不定期地把整个项目的燃尽图发给我。燃尽图几乎完美地倾斜到他们必须命中的日期，最终他们如期完成任务。到黑色星期五，新系统完全投入运行：每秒可处理 600 项交易，50 毫秒的响应时间，超过99.9% 的系统开机运行时间。现在他们可以无缝地改变防欺诈模式，这一项目每年为他们节省 3800 万美元。同时，他们停掉了第三方供应商，一年又节省 4000 万美元。这就是称职的产品负责人所能做的事情。

优秀的产品负责人可以从根本上改变组织的轨迹。记住，产品负责人必须果断，能够根据不完整的信息快速做出决定；必须知识渊博；必须对相关领域和市场足够了解，以便做出明智的决定。无论是对团队，还是对客户，他们都必须随叫随到，对团队和客户各投入一半时间是一个标准的经验法则；如果做不到这一点，他们可能是利益相关者，而不是合格的产品负责人。他们必须被赋予行动的权力，拥有做出正确决策的自由和权力，并在决策时得到领导层的支持。最后，他们必须负起责任，因为无论团队做什么，成功与否都与他们息息相关。

懂得什么必须发生，什么不必发生

戴夫·斯莱特是 Scrum 公司的低语者，负责培训产品负责人，属于那种说话温和、作风彪悍的人。戴夫见过很多公司死于产品负责人，所以开发出一个工具包，帮助解决这一问题。在这里我想分享的是我认为作为一名产品负责人最重要的部分：决定不应该做什么。

戴夫设计出一套练习，他称之为"校准图"，我称之为"痛苦之墙"。首先，让产品负责人离开房间（毕竟，他们只需要花 50%

的时间和团队在一起），去写下希望团队做的最重要的事情。产品负责人离开后，让团队成员写下团队实际在做的事情。最后，将产品负责人和团队集合起来，比较所写的内容。戴夫说，大多数时间，团队都会考虑事情的优先级，但他们正在做的事情中有很大一部分是低优先级的，是没有人真正希望做的事情。

戴夫指出，解决办法很简单。要教会产品负责人用不同的方式来考虑待定项，明确在特定的时间需要什么，戴夫称之为最低交付量。待办事项清单写得正确时，产品负责人和团队成员所写的内容会完全一致。这个练习通过强调一个标准来推动团队一致性，验收标准专门用来回答一个简单的问题："我知道什么时候该完成什么事。"

正如戴夫所解释的，这个测试"不会告诉团队他们必须做什么"，而是向团队明确"他们不必做的事情"。决定不做什么远比决定做什么重要。只做现在需要做的，只做本次冲刺需要做的，不要眉毛胡子一把抓。

数据不在乎你的意见

我在商界经历过的最奇怪的时刻发生在一个不起眼的办公园区，这里简直是建筑师们平庸能力的缩影。身临其境，你难免心生疑问，想知道建筑师们是否会对自己乏味的能力感到特别自豪。

不管怎么说，在这座平淡无奇的建筑里，有一间平淡无奇的会议室，只是因其空间阔大而引人注目，有30多名高管坐于一张巨大的马蹄形桌子周围，开年度计划会议，决定明年要做什么项目。我很想看看他们怎么做。

一位高级副总裁把一个电子表格投影到墙上，上面有一堆项目，没有真正按优先顺序排列，只是他们觉得必须做的事情，他们称之为"大石头"。高级副总裁环视一下房间，每个人都有成摞的文件和打开的笔记本电脑，电脑上是各式电子表格，不时有助手在各位高管耳边窃窃私语。高级副总裁说："是这样，我们在未来一年里有50万小时的工作时间，其中包括雇员和承包商在内。萨拉，你已经拿到列表上的第一项。你认为你需要多少小时？"

莎拉查阅了文件、笔记本电脑，咨询过助手："2.5万小时。"

另一位副总裁插话说："2.5万小时够用吗？问题很棘手。"

"好吧，那就定为3.5万小时吧。"

会议就这样进行。对于给出的数字，没有给出任何理由。除了在会议室里胡乱猜测之外，没有做任何有意义的估算。顺便说一下，在过去的一年里，有12块"大石头"，他们不多不少，只完成了其中的1块。

我知道，且不论为完成这3.5万小时的工作，需要多少人，组建多少团队，更不论团队是否分布于世界各地，只要会议一结束，莎拉的团队就要为名单上的第一个项目做准备了。无论估计准确与否，都要为这3.5万个小时安排预算、要求和日程。

我的同事乔·贾斯蒂斯给我讲了一个更荒谬的故事，我们不妨称之为一种"独特的"关于项目和预算的决策方式。乔当时在与一家全球制造商合作，被邀请参加来年的规划会议。规划会议在一艘游轮上举行，没错，就是在游轮上举行。结果会议变成了一场豪饮派对。"就这样，这些醉醺醺的人一边在游轮舞厅里饮酒，一边决定明年的工作重点、预算，以及谁负责哪个项目，"乔告诉我，"简直太疯狂了。这背后没有任何理由，没有逻辑，没有数据，只有一群醉醺醺的高管。"要知道，这群醉酒者正在敲定的是高达数亿美元的预算！

知道吗？上述两家公司可谓竭尽全力，力争把事情办好。问题出在他们没有运用恰当的数据。

Scrum 创造大量的数据：速度、过程效率、幸福度等。但光有数据还不够，必须使用数据，了解团队的速度。让负责做一项工作的人评估该项工作，一个冲刺接着一个冲刺，实时跟踪进度。如果工作开始偏离轨道，你很快就会知道，能及时纠正。

金姆·安泰洛开始在一家跨国制造公司工作时，他们内部条块分割非常严重。每一位副总裁都把自己负责的一部分业务当作自己的领地来管理。这导致公司的不同部门独立地多次制造完全相同的产品，而且不告诉其他部门。公司工作缺乏优先顺序。金姆开始与公司领导层进行合作时，发现有 2000 种不同的产品正在开发中。均摊下来，每个员工大约负责两个产品。

为了避免重蹈覆辙，他们组建了产品负责人团队，认真审视自己在做什么。他们把产品数量降到大约 200 种，由 20 个产品团队负责。这个级别的产品负责人团队实际上是一群首席产品负责人的产品负责人，每个人的团队中都有多名首席产品负责人，每个首席产品负责人又都有自己的产品负责人团队。这样，一个大组有 3 个级别的首席产品负责人。

这些产品负责人每周聚集一次，了解工作进展状况，讨论发生什么会改变事情的优先顺序。每个季度，决定哪些项目将得到进一步资助，哪些不会。对于每一个产品，他们都深入研究，根据 Scrum 团队提供的数据，分享他们的推测，判断可以交付什么产品。他们只能得到当前一个季度的资金。几个月后，他们必须回来展示学到的东西，明确接下来要解决的问题，认定可以推出产品的时间。只有这样，才能得到更多追加的资金。

有时候，他们会认识到他们真的不应该做什么，或者认识到一个原本认为不重要的产品变成了真正重要的产品。因为他们是迭代地、连续地在一年的过程中进行投资，而不是在年初对将要发生的事情知之甚少时确定所有的项目投资，所以，如果开始出现问题，他们可以迅速扭转局面。他们能够根据实际结果预测，而不是盲目猜测，在非常高的级别上改变优先级。他们使用数据驱动决策，而不是根据意见来驱动，这使得整个组织的优先级划分变得简单易行。

让我再举个例子，看看透明度能为你做些什么。我们与一家大数据公司合作过，该公司的首席执行官掌管几个项目，分散在许多团队中。具体讲，有几十个团队。团队要做一堆事，她想知道团队在一个特定项目上的速度，而不是团队的速度。她要解决的问题是团队多快能完成这个特定项目。

我们告诉她，这不成问题，她所要做的就是把各队的估计数字加起来。"但是你不能在各个团队之间比较和估算速度。"首席执行官说，"你就是这么告诉我们的。"当然，我们这么告诉过她，但关于全盘估算我们知道什么？它是错误的，所有的全盘估算概莫能外。但就此公司而言，我们有足够多的团队来进行评估，通过比较，差异就会浮出水面。

他们给相关待办事项贴上"重中之重项目"标签，让各个团队进行一个个冲刺，获得团队之间的燃尽图。因此，她每周都能看到团队在以多快的速度完成这个特定的项目。

为了讨论，让我们假设他们在几周内每周燃耗掉这个重中之重项目的20%～25%。燃耗率看起来很好，他们很有信心按时交货。但是奇怪的事情发生了，首席执行官一周一周跟踪观察，数据在一段时间内都很好，然后在几次冲刺中急剧下降。发生了什么情况？毕竟，探明异常是首席执行官的首要任务，所以我们进行了调查。结果发现，另一位高管为团队安排了其他优先事项，减缓了团队在重中之重项目上的速度。

因为首席执行官在预期发布日期前几个月就了解了情况，所以可以采取行动，让曲线回到正确方向。她第一次觉得自己可以真正掌控自己的组织，知道所关心事情的现状。她不需要状态报告或PPT不停地说项目处于绿色状态，直到截止日期前两周左右，项目状态却突然亮起来红灯。她不需要意见，也不需要精心制作的报告，她有数据。

使用 Scrum，可以获得大量数据。可以做实验，并快速查看结果。经验系统不断地检查和适应：探索、响应、评价、探索、响应、评价。无论是团队级别还是企业级别，实时完成这项工作都很重要。在某种程度上，这是一张安全网。你不会在一个长达一年的项目上冒数亿美元的风险，你只是在冲刺。随着条件的改变，可以随时改变主意。

大多数组织的经营状况很糟糕，糟糕有糟糕的好处。最大好处是很容易迅速改变，能产生巨大的积极影响。我之前讨论过，但我想把相关内容放在一处，以便易于您找到。这些措施几乎可以在一夜之间从根本上提高团队的开发速度。

- **小团队**：*3~7 人的团队是理想的，团队越大，减速越显著。*
- **稳定的团队**：*把项目交给人，而不是人交给项目。*
- **参考过往的工作量来估算目标**：*只承诺上次完成的工作量。*
- **专注的团队**：*让团队切换任务，会降低速率。*
- **每日立会**：*每一天、同一时间、同一地点。*
- **中断缓冲区**：*要有应对意外的计划。*
- **清晰的待办事项清单**：*明确需要完成什么。*
- **良好的内务管理**：*一旦发现缺陷立即处理，绝不拖到第二天。*
- **蜂群模式**：*一次只做一件事。*

·**彻底完成**：在每次冲刺结束时，工作都被全部彻
底完成。

·**合作**：每个人都应该听到彼此的声音。

如果这些方面你全都还不具备，可以从其中一个开始。一点一点，一个冲刺接一个冲刺，一个改善接一个改善，朝着实现这些目标前进。可能有些情况你无法控制，无法实现所有的目标，不过没关系。

如何做你所做的事情很重要。如果决定不做某件事，就需要知道决定的代价，代价常常是不可见的。但你必须看清世界的本来面目。因为如果看不到问题，如果不能谈论问题，如果不能质疑问题，就不能解决问题。

我真心希望你能解决问题，我希望人们生活在能够充分发挥潜能的世界里。一旦你完成了从接受到行动，从被动到强大的转变，你工作的世界将不再和以前一样。我想生活在这样一个未来，在那里，对人类潜能的浪费被视为不必要的悲剧。我想对我们正在创造的东西感到惊讶。

你可以做到。你的决定是一种选择，未来并不是一成不变的。

回　顾

当心反模式。你有没有听人说过"我要找出一份最糟糕的做法清单并加以遵循"？当然没有。并不是每次实施 Scrum 都能成功，它可能会失败。有趣的是，Scrum 失败时，失败的原因往往是相同的。

按照菜单点菜式 Scrum 的问题。是的，即使是糟糕的，或者部分的 Scrum 也可以提高生产力，但效果有限。Scrum 非常简单，共分 3 种角色、5 种活动、3 种工具、5 个价值观。各个要素都很重要。为了实现所追求的生产力的根本改变，必须同时具备以上所有要素。各个要素是相互关联、相互加强的。

领导力。意欲最有效地实施 Scrum，必须从高层领导自身的转变做起，全力以赴。Scrum 必须自上而下，成为完成工作的默认方式。因为如果不建立新的做事方式，并使之成为公司的工作方式，改革可能会在瞬间土崩瓦解，公司最终非但无法身手矫健，反而会弱不禁风。

要数据，不要意见。Scrum 会创造大量数据。但光有数据还不够，必须学会使用数据。你可以做实验，并快速查看结果。经验系统在不断地检查和适应：探索、响应、评价、探索、响应、评价。

不要外包。不要租用能让公司变得伟大的人才，要培育人才。让培育人才成为你工作的一部分。倘若把怎么做外包出去，就不会使知识内化。

待办事项清单

✔ 确定你或你的组织目前采用了多少反模式，把
它们写在便利贴上，贴到墙上。只有消除反模式
后，才能移除便利贴。

9

庞大的组织，
更需要敏捷来提高效率

某些工作不起作用时，不是人不起作用，而是工作方式不对。Scrum能帮助庞大的企业，摆脱陈旧的束缚，对不断变化的世界做出快速反应，变得更高效、更多产，成为做事快、学习快、行动快的组织。

2017 年 1 月，埃里克·阿贝卡西斯出任斯伦贝谢首席信息官时，面临着一个既能够成就职业生涯又能够毁掉职业生涯的问题。斯伦贝谢已经在一个影响公司未来的项目上投入大量资金，即对其信息技术系统进行关键的现代化改造。尽管投入了大量资源，该项目仍然面临巨大的挑战。

阿贝卡西斯认为是时候采取激进手段了，于是打电话向 Scrum 公司求助，寻找更敏捷的工作方式。阿贝卡西斯对斯伦贝谢的高管层解释说："Scrum 只会持续几个月。如果成功，将在效率方面取得重大突破。"影响将不仅仅限于后勤部门，会波及整个公司，可能从根本上影响公司的经营方式。

一个温和巨人的诞生

斯伦贝谢是这样一家公司，要么你从来没有听说过，将其名字误读为斯伦伯格，要么你会被其无处不在吓到。基本上，地球上无论哪里有石油和天然气正在钻探，就很有可能是他们在工作。斯伦贝谢不像大型石油和天然气公司那样拥有油田，他们拥有的是开采油田的技术和专业知识。斯伦贝谢为120多个国家提供产品和服务，雇用来自140多个国家的约10万名员工。

马夏尔·斯伦贝谢和康拉德·斯伦贝谢两兄弟于1926年创立斯伦贝谢公司。他们发明了一种对石油和天然气行业十分基础的技术——电测井技术。所谓的电测井技术，就是将测量岩石电阻的探头通过电缆下放到井下，进行探测，在一定的时间间隔后读取读数，记录井身阻力的变化，分析地下情况。这一设备使发现石油变得容易得多。可以公平地说，如果没有这一发明，钻探行业就不可能实现后来的规模和范围。

随着石油需求的增长，斯伦贝谢也在成长。他们在研发上投入大量时间和资源，在石油和天然气工业技术方面始终处于最前沿。1981年，他们成为第一家使用电子邮件传送数据的公司。他们还是最早使用互联网前身阿帕网的公司之一。1991年，斯伦贝谢使用TCP/IP协议建立了一个开放架构的网络，来提高性能、增强互操作性，发展了其私有网络，这是当时世界上最大的网络之一。

应对增长的复杂性

像许多大公司一样，斯伦贝谢在 20 世纪收购了许多小公司。但是，从收购中整合信息技术业务系统并非易事。斯伦贝谢意识到，公司有 150 个不同的遗留信息技术系统，运行在各式各样的计算机上，使用的操作系统五花八门，没有人能看清全貌。

他们决定解决这个问题，搭建一个连接所有现有系统的大系统——ERP 系统。现有系统就像现代跨国公司的毛细血管，ERP 系统应该把一切现有系统联系在一起——现金、原材料、业务流程、工资、会计、采购订单、供应链等，凡是能说出来的，统统一网打尽。他们选择在 ERP 系统领域占主导地位的 SAP 软件公司，着手为斯伦贝谢提供服务，并在此过程中定制功能。这是一个庞大的复合项目。

阿贝卡西斯被任命为首席信息官。在此一年多以前，阿贝卡西斯一直致力于公司 ERP 系统的实施。即使在那时，这也是一项巨大的努力，涉及 600 人。"15 个月后我回来时，"阿贝卡西斯说，"已经不再是 600 人，而是 1300 人。让 1300 人日复一日地协调起来是不可能的。"

阿贝卡西斯查看生产率数据，发现虽然人手增加了一倍多，产出却和以前完全一样。增员只是增加了成本，增加了组织的复杂性，却没有增效。

"我们迫切需要突破，使我们能够更有效地工作。"阿贝卡西斯说。

修复补丁

Scrum 公司在感恩节前夕开始与斯伦贝谢公司合作。最初几次冲刺很艰苦，并不容易。但是，信息技术架构和治理副总裁吉姆·布雷迪说，局面很快将得到扭转。到 5 月，生产力已经跃升 25%。"变化非常迅速，产生了冲击力，外部承包商的数量减少 40%。因此，虽然远远谈不上用一半人手人完成两倍工作量，但我们显然已经走上 Scrum 的正轨。"

阿贝卡西斯说，他们目前已经将整个项目的成本降低 25%，这还没算完。"我认为可以继续挑战极限，"他说，"肯定可以节省 30%～40% 的成本，提高 30%～40% 的生产率，我们正走在一条非常好的轨道上。"

斯伦贝谢最大的市场在北美。在那里，SAP 软件公司的 ERP 系统已于 2019 年 4 月正式投入使用，成为全面运作的产品。能做到这一点，仅仅是改变了他们的工作方式。

一种不同的思维方式

正如伟大的管理学导师彼得·德鲁克所言："凡是与已经认识到的自然法则相矛盾的东西，都会被人们视为谬误、不正之风和异端邪说，并予以拒绝。"无疑，求变会遇到阻力。即使面对彻底的毁灭，证据确凿，也会有人死心塌地，抗拒转变。

阻力是意料之中的，必须为之做好准备，得有个计划。你一定要知道，一旦采取行动，就会有摩擦和阻力。在斯伦贝谢，采用 Scrum 实践所涉及的变化自然也招致了一些人的反对和抗拒。

阿贝卡西斯推动变革的计划是，专注于转变组织中可能转变之人。可能转变的人一旦看到实效，看到实现真正变革的机会，就会全力以赴。

Scrum 在内部获得成功。随之，其影响开始传播。最后，埃里克的领导团队召开了一次计划会议。有人心中不踏实，不确定如何按照这种新工作方式进行操作。

但这就像触底了，阿贝卡西斯说："从那一刻起，他们跳起来，说'好吧，我们会成功的'。这创造了一种势头，从而提高了团队的工作效率。但最主要的结果是我们使企业发生了转变，一个团队只承担一项使命，这就是魔力所在。"

开始实践 Scrum 时，要对这种阻力有所预料，会有一些力量对你不利。有些挑战可能是你完全无法控制的，比如客户反悔、竞争对手另辟蹊径、新技术出现等。有些挑战可能来自公司内部，比如员工问题、生产问题、预算规模等。

我合作的一家信用卡公司就存在内部阻力问题。一些团队取得了成功，其他团队便来挖人，让公司把最好的队员分配给他们。可以想象，此举既影响现有团队的士气，也影响公司的士气。需要找到办法来保护你的 Scrum 团队，使之不受"组织抗体"的攻击。

一种常见的对策是实现双操作系统。路线明确后，在一边安排 Scrum 团队；在另一边安排传统的层次结构。关键是在两者之间设置定义明确的接口。

举个例子。马肯·依玛士公司生产用于跟踪、识别和标记的工业产品，应用广泛，从化妆品行业到糖果行业再到乳制品行业，无所不包。他们主要生产的产品是工业打印机，真正的高速打印机，比如在食品包装袋上打印日期的打印机。公司经营的百余年来，每推出一台新打印机，就要建立一个专门的呼叫中心，组建一支专家"老虎队"，以便能够走出去，迅速解决新一代工业打印机的一切缺陷。这是一个痛苦的过程，对服务不满意的顾客大有人在。这一工作流程使整个公司疲于奔命，也对公司财政造成伤害。体验过一款失败产品后，客户购买下一款产品的意愿难免要打些折扣。

数年前，马肯·依玛士公司为制造新一代打印机，将软件、机电、化学、营销、售货、制造、质量保证等部门组合起来，创建了新团队。此外，还创建了一个小巧的业务部门，由克里斯·沙利文负责，引入 Scrum 公司，来帮助软件团队过渡到新的工作方式。克里斯希望快速获得高质量，估摸至少软件团队会接受 Scrum。软件团队这一块率先取得成功，但是，其他团队依旧不想实践 Scrum。

他们不了解 Scrum 的好处，也看不到改变一贯的工作方式的理由。"好吧，你们不想搞 Scrum 也行，"克里斯告诉他们，"但我要求你们做一件事：我希望每天有 15 分钟时间和每个小组的代表交流。这些代表需要的是领导者，有权做出改变的人，只要 15 分钟就够。我想进行 Scrum 每日立会，以便协调工作。"
他说，一开始这个过程实在难受，大家不愿意公开自己遇到的问题，但每日立会产生了巨大的影响。大家能够迅速沟通，降低决策所需的时间，曾经需要几个月才能显现出来的问题在数小时之内就能得到解决。比如，如果有机电部门的人不经意地提到，由于设计原因，稍微改变了打印机喷嘴的形状，化学专业的人会说："感谢上帝，幸好现在告诉我了，我得改变油墨的黏度。"

准备发布新机器时，马肯·依玛士公司上上下下都紧张起来。麻烦又要来了，管理层想。他们组建老虎队，为专门的呼叫中心配备人员，新打印机发布了。他们等待着——电话没有响，好几个月都没响。电话最终响起，却是一个满意的客户打来的，只是希望对设备做一点小的优化。

一个世纪以来，他们首次实现零缺陷发布。马肯·依玛士公司的生产负责人后来告诉克里斯："一开始我不太情愿，但我们实现了历史上最好的一次产品发布，Scrum 所提倡的每日立会是成功的关键原因。"

享受变化

我想再讲讲斯伦贝谢的一个团队的故事。该团队负责转换北美各地 150 个遗留系统的数据，目标是完成 70% 的遗留系统的改造。他们之前完成的最高纪录是 17%。可以想象，管理层对

70%的目标是多么满怀期待。

实施 Scrum 时，他们碰到了与许多团队一样的麻烦，苦苦挣扎。一个是地理障碍，团队成员分布在美国、法国和印度，天各一方；另一个障碍是他们与技术专家的接触有限，一位专家需要同时在 4 个不同的 Scrum 团队中工作，他们根本没有足够的人手。困难可想而知。

Scrum 公司的教练兼培训师亚历山德拉·乌里亚特曾与团队共事数月。亚历山德拉告诉我，真正的关键是团队敬业的全职Scrum 主管和产品负责人。产品负责人沃尔特说，经过亚历山德拉的培训，他们做出一个决定："我们知道原有的运作方式行不通，特别希望把培训中学到的一切付诸实践。"

他们竭尽所能，从为期一周的冲刺着手工作。令他们惊讶的是，比以往紧密的反馈回路产生了戏剧性的效果。短短的 7 次冲刺过后，速度就翻了一番。他们发现，通过将工作分成可以在短时间内完成的小块，整个团队实现了蜂群效应，携手工作，快速发现问题，找出解决方案。

亚历山德拉每两周检查一次团队的士气。Scrum 主管在评审中使用幸福指标对士气进行度量。亚历山德拉说，有趣的是，他们发现，士气不仅可以预测能够完成的工作量，而且可以预测工作的质量。团队的起起落落和成长的痛苦都反映在幸福指数上。指数下降时，数量和质量双双下降，指数反弹时，速度和表现也双双随之反弹。

他们决定在可能的地方合用同一地点办公。虽然没办法将所有人聚在一处，但是得克萨斯州的团队可以放手一搏，至少设法使部分团队成员坐到一起。此前，大家尽管在同一栋楼里，却仍然分开办公，使用加入 Scrum 团队之前分配的小隔间。沃尔特鼓励他们借用一个大房间，肩并肩工作。不出所料，共同办公提高了速度。

他们解决了过度承诺这个老大难问题。过去，常常在冲刺中投入过多的工作量，导致任务无法完成。为解决这一问题，他们启用了我在第 8 章中提到的昨日气象数据模式：只承诺完成上一次冲刺中实际完成的工作量。果然，此举让他们跑得更快。不过度承诺了，反而能够超额兑现。

没有什么比成功更能说明问题。亚历山德拉说，她所说的"团队精神"，即信任、友谊、同志情谊，迅速增长，甚至不断扩展。这个从未按时交付的团队，提前一周完成任务，敏捷度从17% 提高到 93%。他们决定利用业余时间帮助北美以外的另两个国家，实现敏捷度倍增。他们已经有能力去做几个月前看起来像是白日梦的事情。总而言之，他们花了大约 5 个月时间，史无前例地完成了任务。

再强调一次，某些工作不起作用时，不是人不起作用，而是过程不起作用。需要释放人的潜力，使人尽其才，各尽所能。这种能力是存在的，只需把道路让开，将其引导出来即可。

规模化 Scrum

当 Scrum 团队自适应并分发工作时，团队网络也在做同样的事情。正如我在第 3 章中所讨论的，需要通过网络将决策推到边缘的节点上。这样，进行规模化时，就可以稳健地进行。哪怕一个节点坏掉，也没什么大不了的。系统会随着环境的变化而自我修复、成长、响应和变化。

关键是要在网络的各个组件之间建立一套稳定接口，并熟悉这些接口。回想一下萨博公司的鹰狮 E 型战斗机团队。他们在飞机的每一个部件之间创建了稳固的界面，就像乐高一样，可以任意拆卸某一处，而不影响其余部分。萨博团队的组织结构类似，每个团队，或团队中的团队，都负责一个模块——雷达团队在这里，发动机团队在那里，机身团队在那边。就像飞机的各个部件都有熟悉的稳定接口一样，各个团队本身也有。这是康威定律在起作用，你需要产品由松散耦合的组件组成，同理，你也需要以同样的方式设计组织架构。从组织的一个级别发送到另一个级别的报告、读数和更新都是浪费。实际上，任何管理都是浪费。在完美世界里，根本没有管理层，只有创造价值的团队。然而，我们所处的不是完美世界，而是现实世界，故而确实需要一些结构。正如我在第 6 章中所说的，你需要最低限度的管理，刚刚好，可行即可。

有了熟悉的稳定接口，就可以创建一个在成长过程中学习和改进的复杂自适应系统。"正确"的组织是在快速检查和适应周期中出现的。但要记住，不同公司所做的事情不同，其组织形式是有差别的。

例如，在斯伦贝谢，其目标非常简单，即降低成本，快速交付。我讲过的隐形火箭公司的目标是快速进入太空。对于初创企业而言，资金很重要，但更重要的是交付，只有及时交付，才能不断从投资者那里获得新资金，所以初创企业专注于创新和敏捷。

在计算机辅助设计市场上占有 85% 市场份额的欧特克公司希望变得更加灵活。出于两个原因，他们希望朝着浮现式设计（emergent design）和可适应过程的方向发展。第一个原因是希望欧特克能够像谷歌或萨博，成为人们想工作的地方。正如他们的 Scrum 负责人几年前告诉我的："听着，我们的生存威胁不是同行竞争对手，而是车库里那 4 个不肯让我们买断的家伙。"为了留住人才，他们想让欧特克成为一个特别酷的工作场所。第二个原因是欧特克正在改变公司的整个商业模式。多年来，他们像许多软件公司一样，依赖于昂贵的预付授权。不过，回到 2014年，公司真正开始加速采用 Scrum 时，他们在年度报告的第 40页悄悄提到了如下平淡无奇的企业用语：

> 欧特克的商业模式正在演变……随着时间的推移，我们希望实现业务模式转型，消除更高的预付成本，并为客户使用产品提供更大的灵活性，扩大客户群。预计商业模式的转变会导致传统的预付永久许可证收入下降，而开支却不会相应减少。未来，预计将通过提高订阅价格和订阅数来提高长期收入增长率。

他们宣布将不再靠出售许可证赚钱，而是靠订阅软件赚钱。订阅模式的时髦说法是 SAAS，又称软件即服务，是 Software As A Service 的首字母缩写。其理念是与客户建立一种"更瓷实"的关系。欧特克开始这么做，并开始亏损，大量亏损，但公司咬牙坚持下来。到 2016 年，投资者开始意识到这是一个非常好的点子。接下来两年里，欧特克的股价上涨 121%，股价从 2013 年的 3.5 美元升至 2018 年的 13 美元以上。

这是很大的溢价，远远高于竞争对手，但他们仍然在赔钱。2018 年 5 月，傻瓜投资指南网（The Motley Fool）参与进来，称投资者并不愚蠢，投资者看到了市场主导下的企业商业模式转变的力量。

最后，欧特克的产品有潜力变得更容易交付，并通过云在终端用户和公司之间创建更短的反馈循环。这意味着公司可以节省成本，更好地满足客户的需求。

正如迈克尔·哈默和丽莎·赫什曼在他们书中所说的：更快、更便宜、更好。

前文所述的公司都在使用 Scrum，但要实现的目的有所不同。这意味着各公司的组织架构也会有所不同。世上没有放之四海而皆准的做事方式。你必须有所变通，帮助自己的组织机构在前进过程中脱颖而出。当然，变通不意味着可以胡来，需要有一个起点，不可能一蹴而就。需要设置初始条件，适时进行检查和调整。组织机构就像产品一样，必须快速进化。

开始复兴

我们称之为文艺复兴的这段欧洲历史时期，是以朱尔斯·米歇莱在 19 世纪中期出版的历史杰作《法国史》(*Histoire de France*) 中的一个事实来命名的。文艺复兴一词在法语中的字面意思是"重生"。重生正是企业需要思考的问题。企业需要重生，成为做事快、学习快、行动快的组织。企业要做规模化 Scrum (Scrum@Scale)，需要像单独的 Scrum 团队一样，把做什么和怎么做区分开来。下面是规模化 Scrum 的模型：

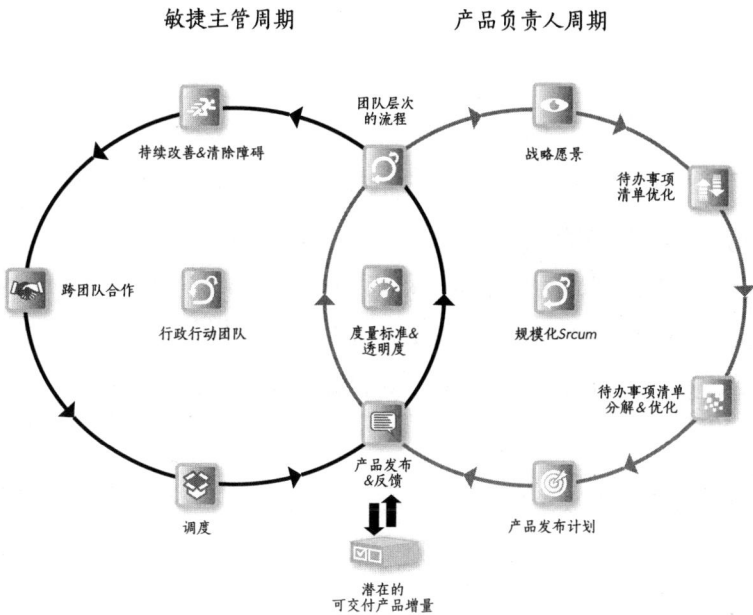

敏捷主管周期　　　　　　**产品负责人周期**

持续改善&清除障碍　　　团队层次的流程　　　战略愿景

待办事项清单优化

跨团队合作

行政行动团队　　　度量标准&透明度　　　规模化 *Srcum*

待办事项清单分解&优化

调度　　　产品发布&反馈　　　产品发布计划

潜在的可交付产品增量

斯伦贝谢公司正在使用规模化 Scrum 在他们运营的所有国家传播 Scrum。"我们正在考虑一种基于 Scrum 的激进方法，用规模化 Scrum 确保我们在中心有适当控制，同时，确保一线团队有彻底的自主权，"吉姆·布雷迪说，"这将使我们能够加快部署，在盈亏一览结算上获得更多净利。"

Scrum 主管周期

图表的一边是 Scrum 主管周期，这一周期围绕行政执行团队循环。我在本书第 6 章中论述过它。团队的 Scrum 主管要专注于持续改善，无论是在自己的团队，还是在要合作的团队，让团队彼此依赖，想方设法一同推出产品。无论是成功，还是失败，他们有责任使一切清晰可见，以便整个组织能够学习经验、吸取教训，进行适度调整。

贝恩公司的顾问安妮·霍华德对 Scrum 公司在博世公司的 Scrum 故事很感兴趣，决定深入研究，一探究竟。博世生产的产品从洗碗机到汽车安全系统、从农业传感器到电动工具，应有尽有。博世雇用数十万员工，是一家大公司，也是一家老牌公司，1886 年就成立了。但他们意识到，当时行之有效的方法，在 21 世纪是行不通的。随着物联网的兴起，公司制造的每一件产品都必须在某一时刻、在某种情况下连接到互联网上。为了跟上物联网的发展，他们需要使用 Scrum。正如博世首席执行官沃尔克马尔·登纳在 2017 年所说的："对于博世来说，敏捷性至关重要，它能让我们对周围日新月异的变化做出反应，保持创新领导者的地位。"

登纳和团队决定按照我上面提到的方法来做：在组织中创建一个双操作系统。在需要创新之处，使用 Scrum，其他地方保持不变。但他们很快意识到，要得到想要的结果，要实现真正的企业复兴，需要全方位实施 Scrum。登纳和董事会决定让整个公司走敏捷路线，他们草拟了项目计划，绘制了甘特图，试图使用瀑布式工具来实现 Scrum。可是，他们惊讶地发现，并没有得到想要的结果。

他们决定彻底改变自己，彻底改变博世指导委员会的运作方式。登纳和董事会组建起一个 Scrum 团队，任命了一名产品负责人，一名 Scrum 主管，以便起到跨职能作用，推动每一个冲刺的变化。他们决定为整个有 40 万人的组织建立一个共同的待办事项清单。

指导委员会不再枯坐在一张长长的红木桌旁，听下属汇报工作。他们站起来，四处走动。他们使工作上墙，使人一目了然。他们意识到，年度计划和资金将他们锁定在一年前认为不错的优先事项中，他们需要更快的改变。他们转向持续的计划，降低了改变主意的成本。

当障碍和问题开始涌向行政执行团队时，他们也认识到了别的问题：原本认为仅限于业务一小部分的问题，实际上在组织中普遍存在。他们第一次能够看到整个系统，而不仅仅是关注单个片段。

他们制定出一份原则清单，将其命名为"我们领导博世"，在公司内实施和宣传。其中一些条目是典型的企业套话，平淡无味，可能是每个高级领导团队倡导的企业行为准则，如"恪守公司价值观""追求卓越"等。但清单中其他条目确实很有趣：

> "我们创造自主性，消除一切障碍。"
>
> "我们按优先次序工作，保持简单化，快速决策，严格执行。"
>
> "我们从错误中吸取教训，将其视为创新文化的一部分。"
>
> "我们跨职能、跨部门、跨层级合作，始终专注于结果。"
>
> "我们寻求反馈，给予反馈，以信任、尊重和同理心引领员工。"

这一切的结果是什么？是这样，他们为博世的组群雇用了与电动汽车公司特斯拉合作的 Scrum 团队。特斯拉是一家快节奏的公司，也要求合作伙伴节奏要快。通过使用 Scrum，博世将开发时间缩短一半，对底盘和安全系统进行了改造，以获得特斯拉想要的那种操控效果。在博世的农业部门，一组团队正在研究传感器网络，以改善农作物，尤其是芦笋的生长。他们在 4 周内完成了 10 项创新，而按照传统做法，6 ~ 8 个月才能完成一项创新。他们的住宅和花园单元已经完全实现敏捷化。制造电动工具的团队，整个团队包括了从设计师到市场营销人员的每一个人，拥有向市场提供钻孔机的每一项技能。

通过在高层建立行政执行团队，他们在一家庞大无比的公司内部推动了重大变革。这并不总是易事，但结果是显著的。

行政执行团队

斯伦贝谢组建行政执行团队时，遇到的第一个障碍就是处理既存的座位表。

假设有一幢建筑，有现成的组织结构，现成的平面配置图，现在要把一切打乱，将 1000 多人进行重新安排，想象一下其复杂性。重新安排并不容易，需要时间。但行政执行团队决定不让这一困难拖慢前进的脚步。

"就按现有的座位表安排吧。稍后再解决这个问题，"布雷迪说，"但这实际上就是 Scrum 的本质。你要快速前进。"快速行动，追踪障碍，但要不断前行。

他们面临的另一个障碍是下面的人不愿做决定，不习惯做决定，觉得让自己做决定是勉为其难，不符合过去的工作方式。于是，本应在较低级别处理的困难老是流向行政执行团队。这是公司想打破的固有模式，行政执行团队不得不将困难再推回去。他们说：决定由你们产品负责人来做好了。他们把责任推出去，推给各个节点，转而专注于缩短决策延迟。没有必要等待，干就是了。

产品负责人周期

图表的另一边是决定要做什么的团队。应该建立什么、交付什么、提供什么、研究什么？如何确保所构建的是用户真正想要的？如何确保团队层面正在构建与战略远景相关的产品？这些都是产品负责人需要回答的问题。

我们有一家客户，其业务是建立家庭自动化系统。让暖气、空调与门铃对话，让门铃与安防系统对话，让安防系统与灯具对话。总之，在高层次上，他们对整个产品有一个愿景。但是，怎么能把这么庞大的项目切分成让团队在一两周内完成的足够小的小块呢？

所以我们说：让我们以门铃为例。有几个团队在做这个，其中一个团队负责调试安装监控摄像头。也许这个团队有一个其他团队没有的光学专家，这个团队需要做的第一件事是什么？在第一次冲刺中，团队能够做到的、能够创造实际价值的最小的事情是什么？

他们决定让监控摄像团队做的第一件事就是决定采用什么样的透镜，透镜将决定整个门铃的一大堆事，如有多少光通过，外壳应该有多大，等等。所以他们开始思考想要什么样的透镜：对尺寸有什么要求，对画面质量有什么要求，对价格有什么要求，对耐用性有什么要求，对抗划伤性有什么要求。他们决定在冲刺检查中进行一次竞赛。于是，他们买来一大堆不同种类的透镜，有玻璃的，有水晶的，有塑料的。然后，他们把透镜连接到与电脑相连的廉价网络摄像头上。这样，他们带来帮助做决定的利益相关者就能真正看到其中的差异，权衡利弊，做出明智决定。产品负责人团队需要有一个愿景，将其转变为可以完成的工作，随着了解的深入，重新确定优先级，把产品推入市场。他们可能需要与利益相关者和其他产品负责人磋商，以确保每个人都达成一致。

斯伦贝谢的人说，不仅组织高层的一致至关重要，各个层次的一致和团队合作同样至关重要。"这是绝对必要的。"在布雷迪看来，如果没有行政执行团队和产品负责人团队，就不会有效地实现一致，斯伦贝谢的 Scrum 也不会这样一帆风顺。

改变可能性的艺术

当你的组织做到了 Scrum 所能做到的事情，即当你进行自适应，加快速度，提高质量，并对不断变化的世界做出快速反应时，你就从根本上改变了组织。斯伦贝谢的信息技术团队做到了，埃里克·阿贝卡西斯有数据可以证明："我们成功了，用一半的时间完成了两倍的工作，甚至还不止两倍。"

"我的意图，"埃里克有力地说，"我的任务是推广 Scrum 原则支持的'团队中的团队'的概念，使之成为推动业务的工具，"埃里克顿了顿，继续说，"这是我的愿景，我的抱负，我努力的方向。"

回　顾

做好预期，迎接企业复兴前的战斗。变革会遇到阻力。得有个计划，找到一种方法，保护 Scrum 团队不受"组织抗体"的攻击。

使用 Scrum 来规模化 Scrum。正如 Scrum 团队自适应和分发工作一样，团队网络也会做同样的事情。需要把决策推到边缘的节点上。这样，就可以稳健地进行，即使某个节点失败，也没什么大不了的。系统会随着环境的变化而自我修复、成长、响应和改变。

利用规模化 Scrum 创建熟悉的稳定接口。正如你希望产品由松弛耦合的组件组成一样，你也希望以同样的方式设计组织架构。有了熟悉的稳定接口，就可以创建复杂的自适应系统，使之在成长过程中学习和改变。"得劲儿"的组织在快速的检查和快速的适应周期中出现。

待办事项清单

✔ 在你的组织中，你会给行政执行团队造成哪些障碍？如果你是团队的一员，你将如何消除同样的障碍？目前，是什么阻止你消除障碍？

✔ 贵公司的管理者对贵公司的产品或服务是否有清晰的、令人信服的愿景？该愿景是否合适？是否被有效且令人信服地分享？你希望这一愿景如何被分享？

✔ 你愿意改变吗？愿意使用 Scrum 吗？贵公司的其他人愿意吗？你将如何阻止"组织抗体"消灭 Scrum 的企图？

✔ 如果你能重新设计工作场所，使之成为团队网络，该网络会是什么样子？

10

凡有人工作之处 Scrum都能起作用

Scrum根植于人性之道，不管人们说什么语言、做什么工作，它都能帮助人们充分发挥潜力，帮助组织把事情真正做好，释放出我们惨遭浪费的人类潜能，重新审视这个世界，在不断的变化中获得自由。

19 世纪，主要的疾病传播理论被称为瘴气理论（Miasma theory）。该理论认为腐烂物质释放"瘴气"，或者说是疾病颗粒，在空气中传播疾病。据信这种坏空气主要在夜间散发。

瘴气理论是千百年来盛行的疾病传播理论，可以追溯到罗马时代。不仅仅在欧洲，印度和中国也有类似的疾病传播理论。问题是，一旦对疾病的传播媒介判断错误，所采取的防御措施必定错误。

19 世纪 40 年代，伦敦。当时，大英帝国号称"日不落帝国"，伦敦是大英帝国的首都，作为政府、金融和帝国的中心，再加上工业革命的到来，越来越多的人来到伦敦拥挤的街道上。随之而来的是疾病。下水道往往因为规划不良，污水横流。许多房屋下面都有化粪池，里面满是人的排泄物，下雨时常常会溢到街上。偏偏伦敦又多雨。

居住条件差，人们不得不挤在狭小的空间里。最可怕的疾病之一是霍乱，动辄导致成千上万人死亡。1841 年、1849 年，还有1854年，伦敦三次暴发重大霍乱疫情。当时，威廉·法尔博士是公共卫生领域最有影响力的思想家之一。法尔博士确信，霍乱通过空气从泰晤士河肮脏的河岸传播到人们家中，将人们击倒。他仔细研究霍乱疫情，得出结论：海拔高度与霍乱感染呈负相关关系。住在山上，感染霍乱的可能性较小。很明显，是瘴气，即坏空气，引起了疾病。

约翰·斯诺博士持有一种不同的观点，一种不常见也不被接受的观点。斯诺是一个令人关注的人物，拥有多方面的医学成就，是将麻醉应用于医疗的领军者，是最早将麻醉应用于分娩的医生之一，包括将麻醉用于维多利亚女王的第8个、也是最后一个孩子利奥波德的出生。

斯诺也被公认为现代流行病学之父。他怀疑造成霍乱的不是瘴气，而是进入伦敦人饮用水中的某种污染物。1849年，一场夺去近1.5万人生命的霍乱暴发后，斯诺写了一篇论文《论霍乱的传播模式》，认为水可能是罪魁祸首。但他的理论没有被医学权威和公众接受。

1854年，霍乱再次暴发后，斯诺迅速采取行动，并在1855年校正的论文中写道：

> 王国最可怕的一次霍乱暴发，可能是数周前发生在布罗德街、黄金广场和邻近街道上那次。剑桥街和布罗德街交界处250码范围内，霍乱疫情极为暴烈，短短10天之内，有超过500人死于非命。这一有限区

域内的死亡率可能不亚于王国历史上任何疫情造成的死亡率，甚至不亚于黑死病造成的死亡率；而且情况更加突然，多数病例几个小时内即告毙命。

几个小时内，霍乱就像黑死病一样严重。

布罗德街有一口很受欢迎的水井。斯诺怀疑井水中有什么东西，给附近居民带来了毁灭性灾难。他前往司法常务官那里，拿到该地区所有死者的名单，以及死者的家庭住址，根据名单绘制出一份霍乱地图，如后所示。

图中，黑色小矩形表示有多少人死于那个地址。绘制好霍乱地图后，斯诺开始按图索骥，进行采访，询问人们从哪里汲水，发现几乎全部死者都住在布罗德街水井附近。只有少量死者住在距离另一口水井更近的地方。布罗德街的水井确实很受欢迎。

周围所有酒吧都用该井的井水勾兑烈酒，食堂和餐馆也使用该井的井水。附近一家餐馆的管理人（在9月6日）告诉我，已经知道有9名顾客死亡。这家餐馆经常有机械师光顾，而且晚餐时间用的是该井的井水。许多小商店也使用该井的井水，在水里加一茶匙泡腾粉，调制成名为冰冻果子露的饮料出售。该井的井水也可能以其他式散布出去。对此，我尚不了解。

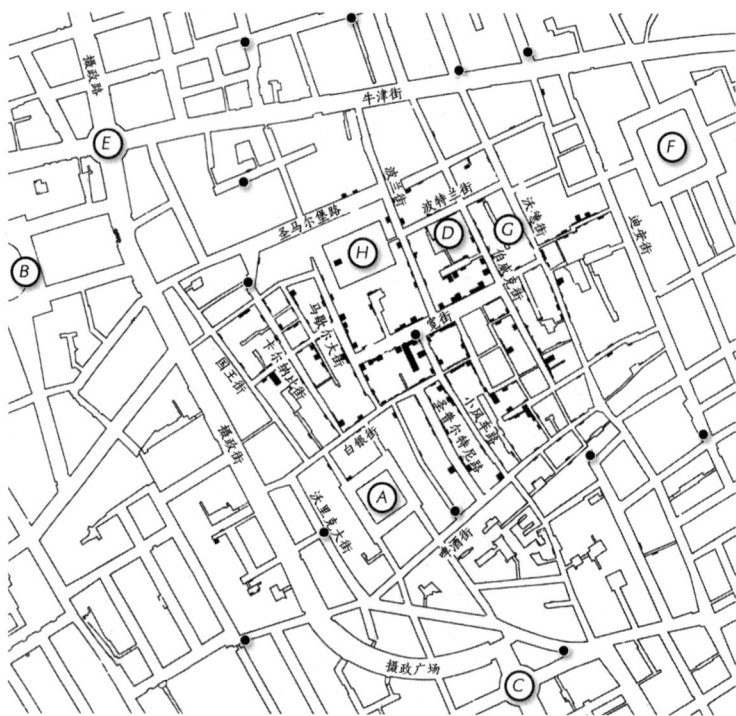

利害关系点	
A 黄金广场	E 摄政马戏团
B 汉诺威广场	F 苏豪广场
C 皮卡迪利摄政广场	G 沃德马厩
D 波特兰马厩	H 工作室
• 水井	

　　自然，调查也发现了异常值。家住伦敦西区的一位老太太和她的侄女也死于霍乱。老太太家附近没有出现其他霍乱病例，而且老太太已经几个月没去布罗德街。但是，据老太太的儿子回

忆，其母喜欢布罗德街井水的味道，订购了布罗德街的井水，每天都有马车送一大瓶到家里。

水是在 8 月 31 日，即星期四送的，老太太当晚饮用过，星期五也饮用过，星期五晚上霍乱发作，星期六去世……一位侄女来老太太家串门，也饮用了同样的水，回家后霍乱发作，即告不治。侄女的住处在伊斯灵顿，地势高，属于健康区域，无论是她家附近的社区，还是伦敦西区，当时都没有发生霍乱。

斯诺把调查结果提交给当地理事会。理事会命人把布罗德街水井的手柄卸掉后，死亡人数立即开始下降。进一步调查发现，这口公众饮用水水井挖在一处化粪池附近，二者相距仅 3 英尺远，化粪池污水渗漏，进入井水中。死亡浪潮的罪魁祸首是谁？是被其他地区的人给一位霍乱儿童洗尿布污染过的水源。

这是现代流行病学的奠基事件，使细菌理论（Germ theory），即通过从可观察到的证据和模式进行推论来证明疾病，得到证明。这一事件一举改变了伦敦处理废水的方式和保证水纯度的方式，对吧？

哪有这等好事。要等付出又一次霍乱流行的代价之后，伦敦才会做出改变。倘若承认约翰·斯诺是对的，就意味着医疗当局多年来为保护公众所做的一切都是徒劳的。权威人士坚持认为，他们是对的，斯诺是错的，疫情平息后，又把水井手柄装了回去。直到公元 1866 年，也就是约翰·斯诺去世 8 年后，法尔博士才承认斯诺可能是对的，仅仅是承认可能而已。

当一种新的思维方式出现，取代旧的做事方式时，这种反应经常发生。今天，疾病的细菌理论不仅被接受，而且得到了证实。我们知道，许多类型的微生物都能引起疾病。我们可以在显微镜下观察微生物，可以繁殖微生物，用微生物给人类免疫。我们知道这是真的。

本书开篇，我讲述了安托万·拉瓦锡的故事。拉瓦锡声称以前的化学理论言之无理，进而提出自己的新理论，世界从此天翻地覆，日新月异。新技术使我们能够窥视到物质的基本组成方式，看清其组织系统。这是观念上的根本转变：世界曾经是一种方式，后来又变成另一种方式。炼金术时代一去不复返，是的，多年来，我们有过辩论和争鸣，也有人给编辑写过刻薄的信件，但最终，真正奏效的理论体系还是胜出了。我们现在认为这是理所当然的，但不久之前，斗争还异常激烈。

推导出的框架

像约翰·斯诺一样，我并不是说 Scrum 的实践者掌握全部答案，甚至懂得一切问题，但是我认为我们有足够的证据来重塑看待事物的方式，有足够的模式来推导出一个通用框架。

Scrum 的开发和迭代与许多新发现完全相同。首先，成功不是总会发生。有些做法在这儿行得通，有些做法在那儿行得通。这些年来，我们不断学习，不断发现有用的新东西、新模式。但是，一切发现都回到单一的、不复杂的 Scrum 框架。

但 Scrum 的实施依然阻力不断。人们仍然坚持使用甘特图、项目计划和业务要求。即使面对证据，也固执己见。我不厌其烦，列举 Scrum 在各种地方被用于做各种事情的例子，原因就在这里，要证明 Scrum 确实是一种更好的工作方式。

更好的世界

开始写本书时，我震惊于世界日益加剧的两极分化，震惊于旧的社会和旧的政治斗争中你死我活的缠斗，震惊于对推责诿过的孜孜以求，震惊于对他人的不信任，不管他人是近在咫尺的邻居，还是遥不可及的陌生人。世界似乎莫名其妙地日趋黑暗，我们豪情不再，宁为鸡毛蒜皮之事争吵不休，也不肯携手合作解决重大问题。

如今，我不再奉行沉默是金，我敢说我们所做的工作能够帮助人们充分发挥潜力，帮助组织把事情真正做好，释放出我们惨遭浪费的人类潜能。我相信我们所做的工作至少可以为世界加一把力，使天平向好的方面永久倾斜。

不知你是否知道，丹麦可能是地球上最平坦的国家，是乐高、马士基（Maersk，全球最大的集装箱运输公司）和嘉士伯集团（生产嘉士伯啤酒）的所在地。这些企业都使用 Scrum。Scrum 在丹麦已经占据主导地位，几乎已经成为一种默认的工作方式，尤其是在技术领域。"这是我的直觉，软件领域尤其如此。我们的工作方式不外乎就是 Scrum。"卡斯滕·雅各布森说。

2006 年，卡斯滕在丹麦的系统化软件公司里开启了第一次 Scrum 转型。他们为医疗保健、国防、情报和国家安全等领域开发软件。这些领域事关生死，不允许出错。卡斯滕当时正在试验 4 个试点项目，意图将其转变为一种增量的、迭代的方法。有人告诉他，这种工作方法叫作 Scrum，所以他打电话请 Scrum 公司去培训他们。结果速度增加 1 倍，缺陷下降 41%。顾客和团队皆大欢喜。

"这是我仅有的一次看到全部指标同时提高，"卡斯滕说，"通常你会尝试一些方法，也许其中一项指标会有所改善，但不会全部都改善。"

接下来几年里，Scrum 在整个系统公司传播，最终到达领导层。卡斯滕说，首席执行官非常注重数据驱动，看到团队取得的进步后，便在领导层实施 Scrum，要求每个领导都要参加每日立会。

此后，卡斯滕创办自己的公司，增越公司，并在奥尔堡大学任讲师。他告诉我，他非常肯定丹麦的每一所大学都在教授 Scrum。现在他在与制造业、金融业和保险业等领域的一批更古老、更成熟的公司合作。他说，就连传统的管理部门现在也流行起 Scrum 来，原因很简单：企业意识到，要想适应变化的步伐，必须做出改变。"要么求变，要么求死，"他说，"你如果这样改变公司，就会生存下来。否则，就死定了。"

这是我从许多高管那里反复听到的论调。每个公司都必须开始像科技公司那样思考：市场瞬息万变，企业必须求变，否则就有可能被更灵活的竞争对手超越，变得无关紧要。

KDDI 株式会社是日本的一家大型电信公司，也是我们的合作伙伴。去年夏天，我受 KDDI 株式会社邀请，去了日本，去看他们是如何在工作中构建 Scrum 的。KDDI 株式会社认为 Scrum 可以从根本上改变日本经济的发展轨迹。

KDDI 株式会社成立于 1953 年，成立之初是一家规约公司，是日本和美国第一次合作电视直播时的日本方，是第一家在联接美国和亚洲的数千英里跨太平洋电缆上提供服务的公司，很早就与国际通信卫星组织（Intelsat）签约。解除管制之后，他们进入移动、宽带等整个电信行业。这是一家大公司，一直认为自己在推动技术进步。

为利用 Scrum，他们于 2016 年邀请 Scrum 公司。他们认识到，随着物联网和 5G 成为现实，需要迅速为客户开发服务和设备。邀请 Scrum 公司，也是为了让我们把 Scrum 推向日本的产业界。

几十年来，日本经济一直萎靡不振，增长缓慢，甚至零增长，外国竞争不仅在价格上，而且在创新上击败了他们。这里的文化和我习惯的文化大相径庭。最聪明的大学毕业生不会去做工程，而是去从事管理。他们知道，一旦得到梦寐以求的企业管理工作或政府管理工作，就前程无忧了，一辈子都没有人会被解雇。但管理工作并不创造新事物，并不带来更多创新，只是掌管管理工作的人而已。因此，日本的大部分技术工作都外包给承包商、系统集成商。总将核心工作外包出去的公司已经失去了真正做任何事情的能力。

藤井昭仁是邀请我们赴日的人。藤井昭仁的人生道路非凡，与大多数日本高管截然不同。他曾在太阳计算机系统公司（Sun Microsystems）驻日本办事处工作过，也曾在谷歌工作。他习惯于向美国的管理层汇报工作，一直沉浸在硅谷的心态中，喜欢美国公司开放创新的氛围和心态。重要的是，他开阔了视野，认为需要转变心态的不仅是一家公司，整个国家同样需要转变心态。所以他发起了帮助日本的努力。

"那种工作方式——令人难以置信的竞争，创造性的破坏，唯一重要的是成功——对我很适用，J.J.。"他告诉我，"但是其他人呢？怎么才能帮助他们，怎么才能使受益者不仅限于我呢？"

故而，我们一起周游日本，和成群的日本高管交谈。所到之处的感觉和谈话都是一样的：日本陷入墨守成规的状态不能自拔。意欲拯救，必须改变商业文化。他们视实践 Scrum 为拯救日本的一部分。KDDI 株式会社建起一个孵化器，名曰 KDDI 数字门（KDDI Digital Gate），用于培训工程师、供应商和客户如何使用 Scrum，以及如何快速迭代产品，成效斐然。

但此次旅行带给我的是希望。我产生一种感觉，即我们可以通力合作，用 Scrum 来消除束缚日本企业的瘫痪状态。

通过使用增进热爱

如今，一切都变成了交易：你为我做这个，我为你做那个。这意味着，一切的供给都是有限的，一切互动都必须好好计算，以判断事情是否公平。将生活和选择视为经济交易是一种非常人性化的方法。我有两个未成年的女儿，相信我，我知道公平的重要性。

但在某些事情上，公平性和交易性思维是行不通的。一个人能做的善事有限吗？仁慈的力量有限吗？我的快乐会削弱你的快乐吗？

已故经济学家阿尔伯特·欧·赫希曼对这些问题多有思考。他指出，如果爱或公共精神被视为稀缺资源，可以耗尽，成为罕见的东西，那么吝啬就是合乎逻辑的反应。但是，他写道：

> 首先，这些资源的供应量很可能通过使用而增加，而不是减少；其次，这些资源如果没有使用，就不会保持完好无损，这就好比说外语或弹钢琴的能力，倘若不用，就荒废了。道德资源如果不使用，便易于萎缩、枯竭。

道德资源用则进，废则退。如果把彼此的支持当成交易，支持就会减少；如果主动提供支持，支持就会增加。将欲取之，必先予之。此乃正道。

此时此刻，我们生活的社会在某种程度上已经原子化。社区过去提供的一些服务，如托儿、互相照应、看护老人等，都外包给了私人机构。这样做，服务可能更细致，社区共同体意识却淡漠了。我们把自己看作孤独的演员。这使得我们成为孤立的个体，愈加无力。因为联系，真正的联系，很重要。我们是有这方面的数据的。

我读过许多研究报告，其中有一项我最喜欢，题目是《社会关系和对普通感冒的易感性》，这标题起得毫无罪恶感。研究人员所做的是找来几百人作为实验对象，研究他们有多孤独，然后，进行有那么一点点残忍的实验，将他们曝露于有感冒病毒的环境中。研究人员首先按照社交网络指数对所有实验对象评级：

这些关系包括与配偶、父母、公婆或岳父岳母、子女、其他亲密家庭成员、亲密邻居、朋友、同事、同学、志愿者同伴（如慈善或社区工作同伴）、无宗教信仰团体成员（如社交、娱乐或专业团体成员）和宗教团体成员的关系。每种类型的关系被分配1分（可能的得分为12分）。受访者如果至少每2周（亲自或通过电话）与某类关系中的某个人交谈一次，即可获得1分。

好吧，我知道你做过这样的问卷调查。我得了5分。嗯，也许我应该在人际关系方面多加努力。你猜怎么着——你与外界的联系越紧密，生病的可能性就越小。人际关系少于3个的被调查者患感冒的概率超过60%；有四五个紧密关系的被调查者患感冒的概率略高于40%；而那些拥有6个或更多关系的被调查者患感冒的概率略高于30%。如果你有6个或更多的社会角色，你生病的可能性是只有 3 个社会角色之人的一半。一项对近 7000 名成年人进行了为期 9 年的跟踪调查发现，在这段时间里，社会关系最不密切之人死亡的可能性是社会关系最密切之人的 2 倍多。孤独会要了你的命。

这是为什么呢？有几个原因。首先是压力缓冲（Stress buffering）的概念。如果面临压力事件，拥有社会网络的支持可以帮助你分担压力。这种方式颇为值得关注。重要的不是支持是否真正存在，而是对获得支持的感觉是否存在。没错，就是这样。即使不求助，只要知道可以得到帮助，这一感觉本身就有帮助。有助感能让你活下去。一项对 50 岁以上的瑞典男性进行的为期 7 年的研究发现，没有高度的情感支持感，经历过若干压力事件的人，比如经历过离婚、亲人去世、失业等的人，比有支持感的人更容易于死亡。

其次是群体效应。要了解你在别人眼里扮演什么角色，以及你自己在世界上所处位置。卡内基梅隆大学的谢尔登·科恩写了一篇被引用了近 5000 次的论文。论文标题是《社会关系与健康》，文章认为理解群体中的角色和规范是身心健康的关键因素：

> 角色概念为一群人所共享，为共享者提供应该如何扮演不同角色的共同期望，以此引导社会互动。在满足规范的角色期望的过程中，个人获得认同感、可预测性和稳定性、目标感、意义感、归属感、安全感和自我价值感。

人要拥有预期的支持网络。对谁做什么以及如何扮演某些角色要有一套共同的期望。要建立目的、意义、安全和自我价值。这些都是 Scrum 帮助创建的东西。Scrum 建立了一个框架，每天给人们提供这些东西。因为如果没有这种社会联系、支持和共同的期望，人们就会遭受痛苦，力量就会被削弱。众志成城，可以移动山岭，动摇天柱。离心离德，则每况愈下，无法发挥个人潜能，难有作为。你一旦改变对世界运行方式的看法，看到旧公理不再适用，一旦做到这一点，就能化可能为现实——对你如此，对世界亦然，二者同理。凡有人一起工作之处，Scrum 均能起作用。数学真理适用于一切可能的宇宙，而不仅仅适用于我们碰巧栖居的这个宇宙。因此，尽管牛顿的运动定律和万有引力定律在预测太阳明天会升起方面能发挥作用，但是，"1+1=2"这一表述比牛顿的两个定律更基本。在宇宙规则不同的世界里，牛顿定律描述的情况可能发生，也可能不会发生。但是数学保持不变，可以描述不同的世界。Scrum 根植于人性之道，不管人们说什么语言，不管人们做什么工作，Scrum 都是释放人类潜能的基本工具。

人类状况令人兴奋的一件事是，人们经常会发现，人们认为世界运行的方式，实际上并不是世界运行的方式。我喜欢这种发现，这让我重新审视世界。

回 顾

抉择时刻。正如你所看到的，世界正在改变。改变可以让你丧失行动能力，宛若瘫痪，也可以让你获得自由。看似做不到的事也能做到。我不能强迫你去做，只能教你怎么做。你有工具，有温馨提示，有前进之路。未来并非一成不变。不要生活在匮乏中，要生活在富足中，未来，拥有无限可能。

待办事项清单

✓ 行动起来!

致谢

如果没有家父对更好的工作方式的远见和热情，就不会有Scrum，不会有遍布全球的数百万Scrum团队，不会有Scrum公司，也不会有本书。谢谢你，爸爸!

所有伟大的组织都是建立在伟大的团队之上的。我很荣幸能和最优秀的人合作，这本书的诞生归功于他们所有人的支持、努力、慷慨精神和才华。俱乐部团队（Clubhouse）犹如"独角兽"的训练场，众位"独角兽"的辛勤工作、深刻思考、激情和人性都体现在本书中。你们真的是有史以来最棒的。销售行会团队（Sales Guild）是一个一次又一次真正事半功倍的团队。你们使Scrum公司持续运行。网络团队（Webside）以如此优雅和愉悦的方式运转，并能超额完成任务，让我很是惊讶。你们是我所知道的最好的Scrum团队，你们真的了不起。市场开发团队（Markdom），我有时会紧张地怀疑你们关于统治世界的事不是完全在开玩笑。最后，我有幸成为航行者（Voyager）团队的一员，与团队共同守护Scrum公司的精神并指导公司的航向。谢谢你们所有人!

感谢我无畏的经纪人，霍华德·尹，还有罗西·尹团队。霍华德是第一个告诉我可以写书的人，他把我架到火上烤，终于烤出了这本书，同时也把我烤熟了。任何读到本书的人都应该感激霍华德，因为没有霍华德的指点，本书无论如何也达不到目前的水平。

本书的成书和出版同样离不开罗杰·斯科尔和他的卡伦西出版团队对 Scrum 的信任及努力工作。罗杰特别温和地指出本书第 1 章完全是垃圾，这一点我永远钦佩。他也给了我批判性的洞察力，让我认识到人们已经知道事情有多糟糕；我需要给他们提供工具，使他们找到出路。

我发现，读书时，每次读到书后的致谢部分，似乎都在说写作是一个孤独的过程。我不知道其他人是怎么做的，但是跨职能团队把本书变成现实，让创作本书趣味盎然。@Citizen，当你想出本书结尾一句话时，我就知道我们做了一件了不起的事情。只是，我要温柔地提醒你，衣服不止有灰色的，还有其他颜色。@Rick，我这些年的犯罪搭档，我们真的成功了。我不在乎你说什么，反正你欠我 100 美元，因为我完全正确。@Tom，你在不止一场战争中掩护我，总是提醒我别自以为是。你，像往常一样，整个过程中都在制造麻烦。你对埃尔韦的看法依旧是完全错误的，但我不跟你计较。@Veronica，是你在这本书中纠正了我们的方向，使我们朝着希望前进。你心灵美好，才智敏捷，眼光独到，你把所有的线索都结合在一起。最终，是你做了最后的润色，发现了一处处愚蠢的错误。好吧，开心果完全是你的创意。

总之，给每个人都来一份墨西哥卷饼，我请客！

我还要感谢我的两个了不起的女儿，在我写此书的过程中，她们常常要忍受爸爸不在身边的思念之苦，每次我走进家门，她们都会满怀喜悦，尖叫着迎接我。你们让一切付出都值得。

　　最后，感谢爱彼迎 App 上所有在国会山租房的房东们。这本书是在一年的时间里，断断续续在你们的家里或你们的地下室里写的。你们知道你们是谁，给你们打五颗星。

J.J. 萨瑟兰

华盛顿特区

2019 年 3 月 24 日

作者简介

J.J.萨瑟兰是全球领先的 Scrum 培训和咨询提供商 Scrum 公司的首席执行官。J.J. 亲自训练了成千上万的人，帮助大大小小的公司加速创新，快速适应，并看到他们自己有能力改变自己生活的世界。J.J. 是《敏捷革命》一书的合著者。

在加入 Scrum 公司之前，J.J. 是美国国家公共电台的获奖记者和制片人。他的报道涵盖伊拉克、阿富汗、黎巴嫩、利比亚、埃及等地的新闻，以及 2011 年日本海啸的余波。他曾因其工作先后获得过杜邦奖、皮博迪奖、爱德华·R.默罗奖和洛厄尔·托马斯奖。

在空闲时间，J.J. 喜欢烹饪复杂的美食，到天涯海角旅行，打游戏。他还与克里斯·苏伦特罗普合作，共同主持视频游戏评论播客"只是一场游戏"。

J.J. 现与妻子和两个女儿在华盛顿特区生活。